翻译研究经典著述汉译丛书

丛书主编：王克非 傅敬民

翻译能力发展研究

Developing Translation Competence

克里斯蒂娜·舍夫纳

贝弗利·阿达布 ◆ 著

任 文、李娟娟 ◆ 译

图书在版编目（CIP）数据

翻译能力发展研究 / (德) 克里斯蒂娜·舍夫纳，
(英) 贝弗利·阿达布 (Beverly Adab) 编 ; 任文，李娟
娟译. -- 上海 : 上海外语教育出版社，2025. -- (翻译
研究经典著述汉译丛书 / 王克非，傅敬民主编).
ISBN 978-7-5446-8376-0

Ⅰ. H059
中国国家版本馆 CIP 数据核字第2025E4V416号

Original edition：*Developing Translation Competence* edited by Christina Schäffner and
Beverly Adab © 2000 John Benjamins Publishing Company, Amsterdam/Philadelphia.
This Chinese translation edition is published by arrangement with John Benjamins
publishing company.
Licensed for sale in the People's Republic of China.
本书由约翰·本杰明出版社授权上海外语教育出版社有限公司出版。
仅供在中华人民共和国境内销售。

图字：09-2022-0467 号

出版发行：上海外语教育出版社
（上海外国语大学内） 邮编：200083
电　　话：021-65425300（总机）
电子邮箱：bookinfo@sflep.com.cn
网　　址：http://www.sflep.com
责任编辑：王晓宇

印　　刷：上海昌鑫龙印务有限公司
开　　本：635×965　1/16　印张17　字数226千字
版　　次：2025年6月第1版　2025年6月第1次印刷

书　　号：ISBN 978-7-5446-8376-0
定　　价：72.00元

本版图书如有印装质量问题，可向本社调换
质量服务热线：4008-213-263

翻译研究经典著述汉译丛书

丛书主编：王克非　傅敬民

编　委　会

总 序

　　2001 年,时任上海外语教育出版社编辑的孙玉博士策划引进了"国外翻译研究丛书"。该"丛书说明"称:"上海外语教育出版社约请了多名国内翻译研究著名学者分别开列出最值得引进的国外翻译研究论著的书目,并对这些书目进行整理、排序,最终确定准备引进的正式书单。该丛书涉及的论著时间跨度大,既有经典,也有新论;内容的覆盖面也相当广泛,既有本体的研究,也有跨学科的研究。"杨自俭先生以"借鉴和创造"为题,为丛书撰写了总序,指出:"这套丛书时间跨度从古代到现代,所选书目皆为译学发展史上有里程碑作用的名家名著,堪称译学经典。"

　　至 2010 年,该丛书十年间陆陆续续出版了 42 部,"几乎涵盖了国外近半个世纪以来有关翻译理论的精华书目"(许钧,2018:155),为我国从事翻译学习和研究的人提供了新的理论滋养。"国内耳熟能详的国外翻译理论大多源自该套丛书,如功能(动态)对等、翻译目的论、翻译改写论、翻译系统论、描写(描述)翻译研究、语义翻译与交际翻译,等等"(冯全功,2017)。用"功莫大焉"四个字来赞誉这套丛书,毫不为过。

　　然而,这些引进的理论著述,它们所发挥的功效和涉及面还不够充分,主要还是集中在从事翻译学习和研究的圈子中,未能有效地惠及我国翻译研究之外的学科领域。其原因与缺乏相应的汉译版本有关。杨柳在谈论西方翻译理论在中国的接受问题时,提到四个方面的不足:1) 对有些理论还流于片面和简单的介绍和理解;2) 术语混乱,望文生义,缺少严谨的态度和理性的分析;3) 对西方翻译理论的整体性研究还很少;4) 理论的错位与创新程度不够。尤其针对第三个方面,她强调指出两点:一是对西方翻译理论的译介还缺乏系统的全译本,二是对某一种西方翻译理论或某一位翻译理论家,还少有全面性的研究成果问世(杨柳,2009:128-129)。可见,对于国外翻译研究著述的系统译介,尤其缺乏全译本,众多学者都有深切的感受。从中华人民共和国成立以来的 70 年间,"粗略地统计一下,目前我国对国外翻译研究学术著作的完整版翻译,大概不会超过 50 部"(吴赟弘、傅敬民,2019)。其中,外语教学与研究出版社在这方面贡献良多,分别以"当代西方翻译研究译丛"和"外研社翻译教学与研究丛书"的形式翻译出版了近 20 种国外翻译研究著述。其他的全译本,则散落于不同的出版机构,都谈不上系统性,而且翻译质量良莠不齐。

之所以出现这种现象,至少与下面两点误识是分不开的:首先是我国从事翻译研究的人员,大多是学英语出身,觉得自己可以看懂国外翻译研究原著。但是,翻译研究并不局限于英语专业,还有日语专业、俄语专业等其他专业,非英语专业人员如何了解英语翻译研究著述呢? 同时,国外翻译研究著述也并非完全都是用英语书写的,对于法语的、德语的、俄语的,甚至日语的翻译研究著述,英语专业人员也同样面临着阅读困难。因此,学外语的自己看原著显然是不够的。

其次是担心原著经过翻译之后会走样,译作不能真实地再现原著的思想。诚然,语言不同,不同译者的认知和阐释有异,可能导致译作与原著不完全一致。毕竟,"源语读者和目标语读者分属不同的语言文化区域,译者的设想显然不同于源语文本作者的设想。这意味着译者不可能提供和源语文本同质等量的信息。他所给的是另一种不同形式的信息"(诺德,2005:45,112)。毋庸置疑,能够直接阅读原著,自然是了解原作思想的最有效方式。但问题是,并非所有人都能接触到原文,也并非所有人都能读懂原文,进一步讲,原著和译作具有不同的功能。因此,我们不能因为担忧译文的质量就一概拒绝翻译。鲁迅曾认为翻译批评有三点意义:一是指出坏的;二是奖励好的;三是倘没有,则较好的也可以(《翻译通讯》编辑部,1984:236)。在当下国外翻译研究著述汉译还很不足的情况下,鲁迅所说的三点,需要我们客观反思并予以借鉴。

实际上,原著和译作所发挥的功效,尽管在有些方面是相互匹配的,但也不能等同视之。译作具有原作无法替代的功能。对此,"当代西方翻译研究译丛"在"总序"中已然明确指出:"我们不能只指望懂外语的人从外文了解外域思想。外域思想只有被翻译成本国语言文字,也就是说,本国的语言文字中已有词汇可以表达新的思想、新的概念,这种新思想和新概念才真正化为我们自己的东西,为我们所吸收、所运用,激发我们的研究。"学术翻译还有一个重要的作用在于提升学科自身的影响力,使得本学科的国外研究成果能够被其他学科所了解。也就是说,"翻译理论译著应该不仅仅是翻译研究者阅读的内容,也应该成为其他学科可资借鉴的学术资源……翻译研究不能把目光局限于翻译自身,而要立足于翻译,放眼于相关学科的发展"(许钧,2018:155,177)。有鉴于此,上海外语教育出版社拟从"国外翻译研究丛书"中挑选出一些经典名著予以汉译。实际上,其中的一些名著已有汉译本,如《译者的隐形——翻译史论》《译有所为——功能翻译理论阐释》《翻译与关联:认知与语境》等。我们将尽量挑选尚无汉译本的名著进行汉译。

我们将这套丛书命名为"翻译研究经典著述汉译丛书",是经过慎重考虑的。我们希望这套丛书所选的书目,不仅包含已然成为经典的翻译研究著述,同时也相信,虽然有些所选著述目前来看只是新作,暂时还未成为经典,但是,鉴于其具有很高的学术价值,将来必然会成为翻译研究的经典。

国外翻译研究著述,汗牛充栋。我们不可能面面俱到地将所有著述加以汉译。但是,我们希望能够较为全面地反映国外翻译研究的重要理论研究成果,包括不同流派、不同区域、不同作者的代表性著述。本译丛拟以多辑的形式来确保它的开放性和持续性。在推出第一辑译丛之后,会陆续推出第二辑、第三辑,所选书目也可能不局限于"国外翻译研究丛书"。

作为学术翻译,译者的学术水平是至关重要的,在很大程度上决定了翻译质量。对此,前辈学者大多都已经有所认识。梁启超(1897)曾经指出,"凡译书者,于华文西文及其所译书中所言专门之学,三者具通,斯为上才;通二者次之;仅通一则不能以才称矣。……故三者之中,又以通学为上,而通文乃其次也"(《翻译通讯》编辑部,1984:19)。因此,在确定译者方面,我们基本上是按照这个要求。每一部译作都是译者比较熟悉的作品,包含了译者的理解和学识。当然,我们也衷心希望广大读者对译丛不吝批评指正,共同推进我国的翻译研究学术著述的汉译。

最后,感谢上海外语教育出版社的大力支持,感谢孙静老师、苗杨老师为本译丛所付出的努力和心血,感谢每一部译著的责任编辑。感谢全体编委以及所有的译者。

参考文献

《翻译通讯》编辑部编,翻译研究论文集(1894—1948),北京:外语教学与研究出版社,1984。

冯全功,国内翻译研究丛书:出版现状与未来展望,《东方翻译》,2017(3):17-23。

克里斯蒂安·诺德,译有所为——功能翻译理论阐释,张美芳、王克非译,北京:外语教学与研究出版社,2005。

吴苌弘、傅敬民,国外翻译研究学术著作的汉译问题,《中国外语》,2019(3):90-96。

　　许钧,改革开放以来中国翻译研究概论,武汉：湖北教育出版社,
2018。

　　杨柳,20世纪西方翻译理论在中国的接受史,上海：上海外语教育出
版社,2009。

王克非　傅敬民

2020年6月

目　录

第三部分　翻译能力的评估

引言 | # 翻译能力的发展

克里斯蒂娜·舍夫纳　贝弗利·阿达布
伯明翰阿斯顿大学

翻 译 表 现

作为一项产品生成性活动,翻译的历史可追溯到人类有记录的历史之初,甚至到人类的口头传统。翻译一直是开展贸易的重要基础,也是古典教育的基本内容。史料对历代翻译活动的发展和趋势都有较详细的记载,欧洲尤为如此。例如,德利斯勒和伍兹沃思(Delisle and Woodsworth)(1995)记录了重要译者的贡献,罗宾逊(Robinson)(1997)选编的文集对翻译理论进行反思,皮姆(Pym)(1998)则对历史上不同的翻译方法进行了爬梳。

直到 20 世纪下半叶,随着翻译研究的发展,学界才逐渐开展更为系统的思考,尝试构建翻译理论。这也催生了一系列关于如何进行翻译教学的研究,旨在发展母语能力的同时,提升一种或多种外国语言及文化技能,以实现更加有效的沟通。20 世纪 40 年代,对译员进行系统化培训,而非让能力出色的语言学专业人员承担翻译任务,已成为重要目标。例如,1941 年在瑞士日内瓦大学、1943 年在奥地利维也纳大学、1946 年在德国美因茨大学、1949年在美国乔治敦大学,都设立了旨在培养职业口笔译员的项目。自那以后,开展翻译培训的项目在全世界范围内大大增加。为应对交流全球化和贸易国际化的需求应运而生的翻译培训项目如雨后春笋般涌现出来,其结果之一就是翻译培训朝着更正规化的方向发展。同时人们也开始意识到,译员培训成功与否取决于能否从社会文化角度实现理解、转换、信息生成等目标。在这一过程中,翻译研究的兴起和快速发展与翻译培训齐头并进,彼此依赖,形成一种交融共生的状态。

进入21世纪,翻译学领域的专家显然已达成一个共识:翻译作为翻译学的研究对象,是一项复杂活动,涉及多领域的专业知识与技能。译者需要了解相关知识、掌握相关技能才能完成任务。简言之,他们必须具备一定能力才能胜任这项工作。

过去几十年,当代翻译学已确立了独立的学科地位,并持续寻求在与该学科研究者相关的不同领域建立原则及研究方法。这些不同领域的研究活动以跨文化为重点,有时也具有创新性、跨学科性和国际性。诸如欧洲翻译研究学会(EST)等组织在促进学术交流和研究方面提供平台,主要面向资深学者,同时也鼓励学术新秀的参与。不同国际期刊刊登的论文所涉及的研究议题范围广泛,反映出翻译学学者多样化的研究兴趣。

任何行为,比如开车,其最佳表现都建立在一种整体性能力的基础之上,这种能力有赖于相互关联的不同子能力间的协调与互动。翻译作为一种有目的的活动(参见 Nord 1997),所需能力是独特的,迄今为止还很难界定,更难以量化。虽有不少学者曾论及翻译能力(如 Wilss 1996;Risku 1998;Kelletat 1996),但翻译学中尚未有专门的研究聚焦翻译能力如何界定和如何培养这一主题,译员培训的组织、翻译能力的系统化评估如何纳入培训项目等问题也鲜有论述。基于此,本论文集力图讨论以下问题:

什么是翻译能力?

如何培养和发展翻译能力?

如何通过翻译活动的产品衡量翻译能力水平？

以上问题将在翻译培训的具体语境下进行讨论。本书所收录论文按内容分为三个板块：翻译能力的界定（第一部分），翻译能力的培养（第二部分），翻译能力的评估（第三部分）。鉴于这三个问题彼此联系，各篇论文交叉涉及一个或多个部分中的主题也在所难免[1]。

翻译能力的界定

与解释其他复杂任务一样，为解释翻译能力，研究者们倾向于将其分解为彼此关联的子能力，或单独探究，或结合其他子能力分析。首要任务是对翻译过程中涉及的不同子能力进行明确界定，力图厘清原则，为翻译培训打下坚实的理论基础。唯有如此，下一步才能就不同原则间的互动关系进行论证，并将这些原则整合进译员培训项目，使译员达到整体（理想的）翻译能力水平。

第一部分的论文聚焦于翻译子能力的界定。其中，对于最为常见的几个子能力，共识性的看法是：语言能力虽是基础核心能力，却不足以支撑翻译能力。翻译能力需要不同范畴的专业知识，至少包括语言知识、文化知识和特定领域知识。**阿尔布雷希特·诺伊贝特**（Albrecht Neubert）提出五个参数，或曰翻译子能力，即语言能力、语篇能力、主题知识能力、文化能力、转换能力。这些子能力以及其他一些子能力在文集的其他论文中也有更为具体的讨论。**玛丽萨·普雷萨斯**（Marisa Presas）主要考察双语能力的不同方面，以及双语能力与翻译能力之间的关系。她认为，未经训练的双语能力并不足以成为翻译能力的保障，这与普通民众的普遍印象相左。此外，翻译能力也不仅仅是在双语能力基础上的改进。**让-皮埃尔·马亚克**（Jean-Pierre Mailhac）通过对英语原文本与其法语译文的对比分析,阐释了译者语域意识的重要性,并在此基础上总结了翻译策略带来的结果。**珍妮特·弗雷泽**(Janet Fraser)使用有声思维法分析了职业译员的日常工作情况,探究其心智过程。基于从业译者的职业要求,她对如何将此类能力纳入翻译培训提出了见解。**古尼拉·安德曼**(Gunilla Anderman)和**玛格丽特·罗杰斯**(Margaret Rogers)也提出将职场要求作为翻译培训的起点,并通过参考欧洲 POSI 项目,即实践导向的译员培训课程,阐释了其他国家实现这一路径的做法。

在讨论翻译能力及其子能力时,能力(competence)一词常与完成翻译任务必备的其他素养概念并置,其中最为常见的有:**知识**(knowledge)、**技巧**(skills)、**意识**(awareness)、**专门技能**(expertise)。因此,"能力"作为上位词,是对似乎很难界定的整个翻译表现技能的总体描述。它包含一系列完成特定(详细)任务所需的不同元素或技能,而这些元素或技能又是基于知识的。这些知识(即陈述性知识,"**知道是什么**")是译员在评估影响翻译活动各种因素的基础上加以运用的,这些因素包括对交际场景的意识,对(翻译)活动目的的意识,对交际合作者的意识(即程序性知识,"**知道为什么、怎么做**"),等等。而运用此类知识的能力又与意识相关,这里的意识可界定为有意识的决策或者转换能力(transfer competence)。

翻译能力的培养

目前学界的普遍共识是,翻译能力培养是每个翻译培训项目的根本目标,且翻译能力是可以培养的,但学习过程因其动态、开放的特征很难进行量化,相关问题仍有待研究。因此,我们不仅要考察**如何**培养翻译能力,还应研究**何时**培养翻译能力,以及通过哪些阶段培养等问题。

本书作者一致认为,翻译能力在高校才能得到最有效的培养,不同类型的大学可提供培养学生专业素养的课程。基于各自的社会文化背景，不同学校的课程设计和教学大纲可能聚焦于翻译理论或翻译实践技能，但通常是两者兼而有之。欧洲设立了许许多多针对不同职业需求的翻译培训项目，以帮助译员更好应对未来职场需求。有的国家将翻译培训开设在本科教育阶段，有的则将专门培训设置在研究生阶段。

培养翻译能力远比改进翻译表现更为复杂，因此在进行培训课程设计时，课程整体框架，不同子能力的培养和发展阶段，特定教学模块、构成和具体课程等的选择与时间确定等都需要统筹考量。即使如此，在一些国家，公司仍会聘用未经专业翻译培训的人提供翻译服务。比如，在英国，翻译公司更倾向于雇用语言专业的毕业生。这也许正是英国翻译培训现状的反映及结果，因为很少有大学基于理论路径对翻译职业所需的特定能力进行教学（参见 Sewell and Higgins 1996 对该问题的讨论）。

因此，深入探讨目前世界各地不同高校翻译培训课程的具体做法，探究教学培训的基本原则，将对翻译职业自身发展、正在接受翻译培训的学生乃至学者都大有裨益。本书第二部分的论文讨论了某些（主要是欧洲）国家高校翻译培训的相关议题。有的聚焦学习者的能力发展阶段，有的则重点探讨如何更好引导学生的学习过程。

安德鲁·切斯特曼（Andrew Chesterman）认为翻译学习者的学习任务是将学到的概念理论内化，并成为能够恰当地将其付诸实践的专家。对老师而言，如何创造条件促发这样的内化过程、提升学习者对基本理论工具重要性的认识是挑战所在。他基于德雷福斯和德雷福斯（Dreyfus and Dreyfus）（1986）的研究提出了发展阶段层级理论，即学生要经历从**初学者**阶段发展到**高阶学习者**阶段，再到**胜任**阶段（能有意识地进行决策），进阶到**精通**阶段，最终成为**专家**译员。这些阶段可以与翻译培训课程设计一一对接。**让·维耶纳**（Jean Vienne）则认为，译员最重要的技能首先是分析不同翻译情境的能力，其次是采取恰当的信息搜索策略以适应翻译情境的能力。他在此基础上介绍了一种模拟现实生活场景进行学习和训练的方法。**阿格尼**

丝·埃尔特（Agnes Elthes）也探讨了翻译课程的不同教学阶段，从译前练习，如文本分析，到不同翻译决策的对比，以及对翻译策略的批判性评估等。**奥莉维亚·福克斯**（Olivia Fox）论述了如何从学生日志中发现其习得翻译能力的不同发展阶段。日志撰写和同伴讨论是以过程为导向的翻译方法的组成部分，体现了以学生为中心、以需求为基础的理念。

凯瑟琳·韦（Catherine Way）关注与专门领域翻译课程的结构相关的问题，比如内容的专业程度、领域选择、不同训练阶段体裁和文本的选择。**克里斯蒂娜·舍夫纳**对英国本科阶段翻译课程设计的基本原则进行了概述。她认为，在培养语言和文化能力的同时培养基本的转换能力是可能的，也是可取的。**多萝西·凯莉**（Dorothy Kelly）讨论了学习过程中选择文本的标准问题，并以旅游领域文本作为案例进行了阐述。她将职场要求，特别是对高质量翻译成品和时间限制的要求，与实际学习过程相结合进行论述。**罗纳德·J.西姆**（Ronald J. Sim）指出，对非洲地区翻译情况的研究有助于我们深化理解翻译能力问题。比如，在肯尼亚，将《圣经》译为非洲民族语言是十分重要的工作，因此译员培训是在神学培训机构中进行的。可见，特定语言和文化的制约因素也要在培训项目中加以考量。

多数作者都认为，学生译员不仅需要理解翻译学科的理论原则，还需要培养自身对不同领域、不同目的、不同类型文本进行翻译时使用不同翻译策略的意识。决策应在对目标语文本的预期目的与目标读者假定的知识水平之间关系的理解基础上做出，由此推而广之，翻译中的决策取决于译员所感知到的目标读者需求。日新月异的信息技术为我们提供了越来越多的强大工具，如果在系统的翻译方法中得到恰当使用，可以让非专门领域的译者胜任不同的半专门领域的翻译工作，前提条件是要对译者进行相应的工具使用培训，使技术工具得以发挥其最大的优势。本书有几篇论文含蓄地提及信息技术工具与翻译能力培养的关联性，但没有一篇论文聚焦这一问题。

本书的最后一个主题是如何有效评估翻译能力的不同方面，以及评估学生译员子能力习得的发展情况。

翻译能力的评估

　　本书中的多数论文讨论的是如何培养翻译能力的问题，但另一个同等重要的问题是：如何确定培训目标是否达成、用什么标准作为衡量目标达成的依据。翻译能力可以从两个视角进行研究：一是产品视角（如目标语文本质量，是否恰当达成特定目标）；二是过程视角（如决策过程的有效性）。本书收录的大部分论文采用的是产品视角，讨论应采取哪些标准衡量产品质量，以及此类标准如何体现对翻译能力定义的理解。如果翻译能力是一个只能通过具体表现衡量的抽象概念，那么问题在于，是否可能将表现的产品（即目标语文本）作为评价的对象，并认定它是特定能力水平的直接体现。换言之，我们能否假定翻译能力是有理据的概念，正如在翻译批评中一样，通过评估一个职业译者的翻译产品来决定其商业效用？另一方面，到底有没有可能对翻译能力发展过程本身进行量化？ 能否对习得翻译能力过程中不同阶段的进步程度进行量化？ **珍妮特·弗雷泽**聚焦于决策过程的论文就是此类尝试之一。

　　这部分的论文主要探讨根据（或多或少）预先确定或预期的翻译能力水平对产品进行评估的问题。**艾莉森·毕比**（Allison Beeby）将学生译员和未经翻译培训的语言专业学生先后完成的目标语文本进行比较，证明针对特定子能力的翻译培训项目有助于学生取得更好的结果（即产出更合适的译文）。**玛丽安娜·奥罗斯科**（Mariana Orozco）介绍了一个可以对每一阶段翻译能力习得情况进行测量的工具开发及效度检验项目，尝试为学生习得翻译能力的过程提供新的洞见。**贝弗利·阿达布**认为应建立一套界定明晰的评估标准，这些标准亦可作为决策的依据，培养翻译策略选择的意识，以提升学生的综合翻译能力以及作为转换能力组成部分之一的批判性判断能力。**杰拉德·麦卡莱斯特**(Gerard McAlester)将评估和测量与职业资格认证的基本标准相结合,提出建立翻译的标准参照式评价框架,并将译文修改时间作为该方面的重要标准之一。

结　语

在任何一种职场环境中,职业表现都是按照某种清晰界定的目标、需求及特定能力进行评判的,翻译行业也不应例外。高素质译员对于满足不断演变的职场要求不可或缺。本书的所有作者都认同,大学负有培养翻译专业人员的职责,培养目标、教学大纲、课程内容都应保证职业需求得到充分满足。本书研究表明,在各个国家、各个文化中,人们都已认识到建立核心原则,为译员培训提供信息和指导的必要性。本书作者都是翻译领域活跃的学者和教育者,因此以欧洲为主的不同国家以及一个非洲国家和/或机构的实践做法得以被相互比较。他们讨论了教学实践中可资借鉴的经验,也涉及个人基于从业经验的建议,意在提出可供讨论的方法、可以分享的经验,以及良好做法,提供已被尝试和检验过的个人教学方法,以便将来进一步测试和评估更广泛的影响。

因此,本书呈现了不同研究者在课程设计和译员培训实践中的具体经验,在强调相通之处和共同关切的同时,也凸显差异。各个章节的内容反映出作者来自不同背景、代表了翻译研究的不同路径。翻译学科本身的特点就是路径方法多样、观点概念丰富,我们作为编者并未试图抹杀每个研究者的特点以达到某种一致。

本书的目的就是激发讨论,阐明理论与实践在翻译学领域如何彼此依附。不仅实践需要借鉴理论以寻求理论框架的支撑,而且理论研究也要结合实证研究的发现,不断推进翻译过程研究,解释作为一种认知工具的翻译能力如何定义这些过程、又如何被这些过程定义。翻译理论可以滋养课程设计,教学实践又向研究者们提出诸如如何定义能力以应用某种系统化的评估测量方式等问题。

鉴于此,我们希望本书能够对翻译能力的本质、发展路径和评估方法的讨论有所贡献。目标读者包括翻译教师和学者,也包括翻译专业学生,以及高校决策者。希望本书也能引发翻译发起人和翻译客户的思考,毕竟他们有赖于合格译者的专业能力。最后,也希望本书能得到致力于翻译理论研究的学者的关注,邀请他们接受挑战,从各自角度就翻译能力的定义发表见解,让更多的翻译学者、教师和学生获益[2]。

注　　释

1. 所有论文的前期版本都已于 1997 年 7 月 17—19 日在伯明翰的阿斯顿大学举办的一场有关翻译能力培养的国际会议上宣读。此次会议亦是阿斯顿大学本科及研究生阶段翻译培训项目的启动仪式。

2. 最终版本生成过程中的部分文书工作由阿斯顿现代语言研究基金会(Aston Modern Languages Research Foundation)支持。同时感谢朱莉·拉姆斯登(Julie Ramsden)、朱迪思·莫利(Judith Morley)和苏珊娜·卡特(Suzanne Carter)的协助。

参 考 文 献

Delisle, J. and Woodsworth, J. (eds). 1995. *Translators through History*. Amsterdam/ Philadelphia: Benjamins/UNESCO.

Dreyfus, H. L. and Dreyfus, S. E. 1986. *Mind over Machine*. Oxford: Blackwell/New York: The Free Press.

Kelletat, A. (ed.). 1996. *Übersetzerische Kompetenz. Beiträge zur universitären Übersetzerausbildung in Deutschland und Skandinavien*. Frankfurt/Main: Lang.

Nord, C. 1997. *Translating as a Purposeful Activity. Functionalist Approaches Explained*. Manchester: St. Jerome.

Pym, A. 1998. *Method in Translation History*. Manchester: St Jerome.

Risku, H. 1998. *Translatorische Kompetenz: Kognitive Grundlagen des Übersetzens als Expertentätigkeit*. Tübingen: Stauffenburg.

Robinson, D. 1997. *Western Translation Theory from Herodotus to Nietzsche*. Manchester: St. Jerome.

Sewell, P. and Higgins, I. (eds). 1996. *Teaching Translation in Universities: Present and Future Perspectives*. London: Centre for Information on Language Teaching and Research.

Wilss, W. 1996. *Knowledge and Skills in Translator Behaviour*. Amsterdam/Philadelphia: Benjamins.

第一部分

翻译能力的界定

语言能力、多语能力与翻译能力

阿尔布雷希特·诺伊贝特
莱比锡大学荣休教授

对译者认知系统的要求

翻译实践和翻译教学都需要一种独特的能力,可能是包含原语能力和目标语能力在内的一系列能力。翻译涉及的任务复杂多变,对译者的认知系统提出了特定要求,而译者胜任这些任务依靠的就是他们的翻译能力。鉴于翻译涉及的任务多种多样,要想界定翻译能力,就必须考虑到其对译者认知官能和认知技能的要求十分复杂。然而,译者的专业性意味着他们得做到近乎无所不知,应当是其职业所涉各个领域的专家。同时,我们也应注意到,当今时代,越来越多的专家专精于某一专业领域并为此感到自豪,这一专业就是他们的专长。然而,我们却指望译者应是通识之才,是这个专业化时代的博学之人,他们的头脑中汇集了不同语言文化之间值得交际的一切知识。

那么我们如何才能厘清笔译(和口译)者工作中不断涌现的、无穷无尽的领域和流程? 如果连有经验的译者都不免因为纷繁复杂的工作内容而应接不暇,未来的译者又该如何为其职业生涯做好准备? 翻译教师应当如何设计课程以应对这一情况？我们又应如何训练学生、如何为教师赋能？

翻译能力的总体特征

翻译能力由何构成？要回答这一实质性问题，首先要考虑到一些情境特征，可以说，这些特征涉及翻译知识和技能的种种个人因素。如上所述，翻译与几乎所有其他学术职业的区别之一就是其**复杂性**。另一个特征则是其**异质性**，翻译所需的技能通常各不相同，而且这些技能在一所传统大学，甚至是现代大学，或是商业（或艺术）类的职业工作中都很难见到。例如，从事文学翻译、技术翻译或法律翻译的译者必须具有一定程度的知识水平，包括母语和另一工作语言至少要达到语言专家的水平，还要具有与作者或专家程度相当的艺术性或专业性。

与之相关的是，翻译能力必然具有某种**接近性**特征。译者不可能对他们接触的所有领域都了如指掌。为此，他们习得了不断接近某一领域知识的能力，确保译文可以让普通读者和专家都能轻松无误地理解。译者必须充分提升其全面的交流技能、深入的知识储备以及总体的理解水平，才能实现交际内容与形式的转换。但是一般来说，译员拥有的理论和实践知识均不及接受过严格专业训练的原作者或讲话人，因此，翻译能力永远具有**开放性**。诸如字典和百科全书之类的参考资料一般不能完全满足译者的需要，他们要时刻留意新的表达方式，时刻体会两种工作语言的脉动，向专家寻求意见，不断研究原语和目标语的平行文本和背景文本。一切言语和文本都是他们赖以生存的生命线。

从本质上来讲，翻译引入新知，对于原语和目标语皆是如此，即使原因往往各不相同。译者必须随时**找到对应语词**。如果想不到合适的表达，就得绞尽脑汁，基于各种资源信息做出推断。因此，开放性导致了对**创造性**的需求。译者的这一能力或许应该称为**衍生的**或**经引导的创造性**

(Neubert 1997: 17 – 21)，因为这一能力一般是受到原语文本的激发而产生的，而对应的译文须适用于完全不同或全新的话语场景。译者需要构想新的内容/形式，或所指/能指关系。这种目标语文本的创造与翻译情境紧密相连。要达到理想效果，译者要具备翻译的**情境性**意识，既包括过去的情境，也包括全新的情境。有经验的译者已经内化了一系列情境类型，但也必须不断应对全新情境的挑战。在这种灵活应对、不断适应新情境的要求背后，其实是译者技能呈现出的**历史性**特点。在翻译历史上，译员开展翻译任务的方式变化多样，在每个时间节点，微妙的变化相继而至，需要极其灵活的应对策略。**变化**这一维度因而是所有翻译活动的内在特点。除了时间因素之外，对地点的考量也会决定译员如何处理某个翻译问题。不同的地点可能需要不同的解决方式。多年前在特定地点条件下产出的翻译佳作，可能今天在另一处看来就不甚理想。

翻译能力的这七个特征，即复杂性、异质性、接近性、开放性、创造性、情境性和历史性，彼此紧密关联。但毫无疑问，特定的翻译任务会凸显总体翻译能力的某些具体方面。在教学中一条重要的启示是：对于那些希望成为职业译者的学生，如果教师能从培训之初就指导他们考量这些认知因素，谨记未来的职业要求远不止语言知识，这对他们的成长会大有裨益。注重翻译情景特征作用机制的另一个益处，是对这种整体路径的批判性反思。翻译走下了对比语言学规则暗示下高高在上的客观解决方案的神坛，成为一种相对性的活动。它被视为日常交流的必要部分，而在日常交流中，语用规范比理想讲话者的能力更重要。

翻译能力的质性参数

上文所述翻译能力的七个特征涉及整个翻译过程，而译者确实是在这一框架内培养自身的职业能力。但为了完成复杂的翻译任务,译者需要某种区别于其他语言使用者的专长。如果我们将上述特征视为翻译能力的次要(情境性)部分,那么,必然存在着主要(实质性)构成部分,译者在这些不同方面的发展情况可能并不均衡,但一旦缺少其中某个主要能力,翻译工作就无法开展。因此,这些方面可以被视为保障译者正常工作的参数。"参数"一词指每个译者培养各方面能力所达到的(不同)程度。

翻译能力大体可从五个参数进行考量,即(1) **语言能力**,(2) **语篇能力**,(3) **主题知识能力**,(4) **文化能力**以及(5) **转换能力**。正是这五种能力的相互作用将翻译与其他交际活动区分开来。同样,这些子能力构成一种复合能力的方式,也将翻译研究与其他交际研究区分开来。具体来说,能力(1)(2)(3),以及一定程度上的能力(4),是其他交际活动参与者同样拥有的,但能力(5),即转换能力,是译者所特有的。在翻译职业中,能力(5)统领其他所有能力,也就是说,转换能力融合了语言、语篇、主题和文化知识能力,旨在满足转换上的需要。但是,如果译者没有能力(1)到(4)的扎实基础,就不可能具备能力(5),而能力(1)到(4)可能更多受到翻译文本类型的限制。

以上五种能力如何通过高效、有效、充分的相互作用,形成公认的译者能力的分级水平,从而保证译者在包罗万象的日常工作中完成不同级别的翻译任务?这是翻译研究的关键问题,也是翻译实践和翻译教学的重要问题。翻译能力不仅仅是转换能力。同时,语言能力、多语能力、主题知识能力和文化能力加在一起也不及转换能力。然而,并非这些能力相辅相成,就可以完成翻译,其中最为关键、统摄其他的是转换能力。在此方面,是**实践**让译者复杂翻译能力中的**知识**得以发挥作用。也许正因如此,从业译员一般都不相信理论,相对于"纸上谈兵",他们更推崇亲身实践。

当然,也有不少讲者和作者对(自己的)母语、第二语言或其他外语了如指掌,并且知道如何将语言知识转化为实践,知晓如何产出地道的文本,掌握多个领域的专业知识,甚至在某些领域达到专家水平,还有人熟稔多种文化。但他们缺乏的正是译者应有的素质和经验,因为他们无法将原语文本顺利转化为目的语文本。另一方面,如果静态的知识能力不能为我所用,或者更准确地说相关能力没有得到系统的培养,就不可能实现合理的转换,这一点自不待言。翻译能力虽然是一个整体,但也有赖于每个子能力本身的水平。

语言知识、语篇知识、百科知识、专业知识、文化知识、转换技能的重要性以及它们之间的互动还可经由以下两种方式得以观察。第一,这种专门技能是翻译任何一段文本需具备的特征;第二,它也是任何一名译者翻译不同类型文本所具备的特征。同样,职业译员和学生译员的能力要求有很大差异。在实际翻译过程中,我们可以研究译者为了成功完成复杂任务,是如何逐渐发展和协调他们的能力资源的。

相应地,习得并锤炼这(五种)各自独立又彼此联系的知识和技能需要不同的方法,这就需要翻译学者(和教师)提供不同的方法,以达成协调一致的描述和解释。此外,还需要区分长期和短期,或语义和情景的能力特征。或许可以说,合格的翻译就是五种能力合理配置的结果,换言之,如果我们能进一步了解知识和技能复杂的分配机制,就能更好地厘清翻译过程的本质。

语 言 能 力

翻译远不只是语言学问题,也绝非语言对比研究。但语言能力无疑是翻译的必要条件,母语知识和技能的重要价值也无须多言。不过,翻译学员,甚至从业译员和翻译客户都经常严重低估母语知识和技能的重要性。在一般人看来,译员经常被误认为是会说几种语言的人。然而,对原语和目标语语法词汇体系的各种细节近乎完美的掌握,仅仅是翻译能力的基本要求。译员还要了解两种语言中不断出现的变化,而字典和其他参考书只是零星反映出这些变化。尤其还需要掌握某些特殊用途语言的全部知识，包括术语、常用的句法及词法规范等，这些都属于语言能力的范畴。

语 篇 能 力

翻译能力的测量呈现出一种从语言参数滑向语篇参数的态势。成体系的知识与话语熟练程度紧密相关，至少理应如此。人们常说，翻译更多关乎**言语**（parole）而非**语言**（langue），但这未免太过绝对。索绪尔的二分法忽视了**话语的系统性**（systematics of discourse）。语篇以及译文都具有系统特征，它们不是像语言一样的潜势系统，而是实际系统，要符合与原语及目标语语言-文化及其子项的文本世界的规范。而后者（即各子项——译者注）是由交际者各自领域——无论是通用还是专业领域——主要的文本规范所决定的。译者应精通这些文本世界，确切地说，是要习得不同职业和行业的专门知识。首先，除语言特征外，他们还必须要敏感识别语篇特征。掌握这一点的一个更好的方法也许是认识到词语和结构虽然作为系统元素是存在的并可被描述，但当它们在语篇或更确切地说，在语篇类型或体裁中出现时，会遵循重要的模式。这些规范性用法正是译员需要努力内化的。事实上，译员的能力组合在很大程度上取决于选定的语篇领域内的专业能力，而译者掌握的这些专业能力，来源于他们在诸如技术、法律、文学等领域的翻译从业经验。

主题知识能力

与语篇能力相关的，自然是对译文所属领域知识的熟悉程度。这一能力常让译者感到为难。然而，在译文数量大幅增长的同时，文本内容的专业性也在显著增强，因此，**主题知识能力**几乎永远无法穷尽。德国诗人兼翻译家弗里德里希·吕克特（Friedrich Rückert）那句臭名昭著的格言——"翻译的艺术，依我理解，在于正确地翻译你无法正确理解的内容"——在这里也就站不住脚了。译者是终身学习者，没有哪个领域是不需要涉猎的。

主题知识，即百科知识和高度专业化的知识，当然不一定是译者主动掌握、可随时调用的，但他们必须知道在需要时可通过何种方式获取。译者并非无所不知，也无须如此，但他们必须知道去哪里寻找、在哪里能得到这些知识。事实上，正是这种孜孜以求的好奇心，与译者的主题知识能力密不可分。明眼人都知道并承认，这种广阔而多样的知识所能达到的深度通常无法与领域专家相提并论，这些专家都接受过数年培训，往往在该领域摸爬滚打数十年。但这种知识仍须达到足够的广度和深度才能满足专业人员的需要。因此，专业人员也常被请来协助译者以尽可能接近**地道真实**。

如果译者足够幸运，有条件在职业生涯中精通某一领域，那么译者和专业人士之间的知识差距就会在一次次的翻译中逐渐消弭。此外，主题知识能力虽然主要涉及专门领域，却绝不仅限于此，非专业性的文学和其他相关领域的翻译也同样需要这种能力。在这一不同的认知领域，模仿远胜于客观话语，译者同样需要对所传达的信息进行查证（参见 Warren Weaver 论及将艾柯的小说译入英语的个案，载 Covi et al. 1987）。毕竟，虚构文学充满活力，既真实又富于想象，要想挖掘作者在其文字背后的所思所感、字里行间的实际指称或隐晦暗指，恐怕需要译者皓首穷经，孜孜以求。

文 化 能 力

上文最后一点显然也暗指文化能力，但文化能力作为翻译能力的参数之一，绝非局限于文学问题。技术文本也常受到文化制约，这一点已经反复得到明确证实。那些让译者摸不着头脑的文化特色术语,看似来自相同的技术文化和文化背景,实则不然。准数学的计量方式也有差异,比如英语和德语中关于钢铁规格的描述(Schmitt 1986)。这就需要我们仔细分析看似高度客观的专家如何就文化束缚做出调整。当然,就文化嵌入性(embeddedness)而言,文本和文本类型之间差异极大。另一点要强调的是,不同体裁文本也对译者提出了不同能力要求。虽然译者都具备跨文化能力,但他们主要还是从自己的文化视角去思考问题、感受事物。不过他们会尽力深究与待译原文和待传译文字面含义相互影响的深层(和整体)意义。因此,译者只能在信息发出者和接受者的文化之间协调。作为文化专家,他们脑中混杂了两种文化,二者未必融合,但至少在知识层面,原语和目标语文化模式中重要却又不易察觉的对比(或一致性)会时常出现在他们的头脑中。

转 换 能 力

最终,译者需要完成转换,这就涉及将母语文本转换至二语文本所需的技巧和策略。这也是评判译者的要点所在。无论他们如何标榜自己知识广博、个人能力出色、语言技巧娴熟、博学多闻或是专长精深,抑或对两种或多种文化理解深刻,所有这些能力都是译者引以为傲的,但如果这一优秀能力没有与之匹配的独一无二的**转换能力**来将原文译成合格的译文,他们就是失败的。只**了解**翻译是不够的,关键是**完成**翻译。对于接受委托、要完成一项社会任务的译者来说,最关键的是需根据特定翻译任务的目的,即所有具体用途,尽可能迅速有效地传达原文意义。毕竟,**翻译不过是由原文文本引发的、为第三方产出目标语文本的过程**。译者是在提供一种服务。他们的认知成就不过是达成这一目的的手段。如果他们碰巧对原文的理解超出他们能译出的内容,这也许有助于提升他们的自我满足感。但这些却与他们的读者关系不大,因为读者只能接触到最终译文。(例如,读者并不知道有前几版或其他版本的译文存在,也许那些版本里包含一些仍然保留在译者脑中、却在最终译文中被删减的其他信息。)

再 议 对 等

衡量一篇译文,拿它与一篇稍微逊色的译文对比,给予很高的分数,或者指出其中的缺点与不足,这些都需要考虑转换是否成功。译文不应只是语言准确,还要篇章布局连贯,专业领域内容清楚,文化层面也要真实。它必须与原文形成某种**对等关系**。但这里的对等不是那种数学或逻辑学上的恒等式的含义(Snell-Hornby 1988),而是一个公认的颇有误导性的概念,涉及对其他东西的转换。这个"其他东西"与原语(母语)中表达的某个主题或话题形成一种价值关系。这种对等关系并不明晰可控,是前四种能力在第五种能力,即转换能力的统筹下运作的结果。毫无疑问,能力发展越成熟,完成转换时运用这些能力就越有效且高效,这篇翻译的对等程度也就越高。因此,翻译中的对等不是一个孤立的、近乎客观的特性,而是一个**功能性**概念,由每个特定的翻译情境决定。这个例子充分说明了主要能力和次要能力之间是如何相互作用的。

因此,对等作为翻译质量控制的关键点,是一个涉及语言、语篇、主题、文化等方面的复杂概念,也是转换的前提。事实上,成功实现一个或一系列对等关系,正是在语言(包括文体)抉择、语篇制约、主题偏好和文化考量等因素之间进行权衡的结果,这些权衡产生了不同的转换选项,而最终的译文是译者所做的决定。很多时候,转换就是从眼花缭乱的众多选项中做出抉择。

按照本文所提出的复合方式的逻辑,对等不太可能通过任何单一能力实现。比如,语言对等严格来说不是一种翻译路径。语言对等实际上是对比语言学或语言类型学的一种表述,这种表述将两种及以上语言系统之间孤立的语言成分对等关系单独提出。当然,我们也可将语言对等纳入翻译学研究范畴。但如此一来,我们必须谨慎地意识到,这种做法价值极其有限,因而在翻译价值判断方面的作用也极其有限。语言上严格对等的译文可能在翻译学上并不对等,因为翻译对充分性有着复杂要求,涉及主题因素和转换手法,这些与表层的语言对等常常是背道而驰的。

基于语言对等对翻译对等做出的阐释,其解释力不足,也缺乏理据,这正是对等概念在翻译学者中声名狼藉的原因之一。但这其实是典型的因噎废食。对等绝不能完全依赖语言学解释。

同样,翻译对等也不能完全经由主题和内容对等实现。人们常说,翻译关乎传达与原文同等的意义、指代同样的事物,指称内容的一致应该是优秀翻译的标志。但事实真的如此吗?当然,一般意义上来说是的。但实际上却并非如此,尤其当涉及细节意义的地方需要精通主题的译者尽力调和原文,充分完成翻译时。而译文要达到这种充分性,必须符合特定目标语语言的措辞、针对目标语言人群的特定目的,而受众本身对相关主题往往持有特定的历史发展的观点。百分百准确的主题对等并不可行,这一点不仅难以实现,可能也并非期望的目标。要想实现翻译对等,主题对等要与语言对等、语篇对等在文化背景中相互结合,这一结合恰恰是译者转换能力的成果,而转换能力本身在很大程度上由语言(母语和二语)知识、语篇能力、文化意识以及(高度专业化的)主题知识支撑。

转换能力指的是一种心理装备,这一装备构成译者独特的认知集合,或是对语言、语篇、主题和文化能力进行匹配的本领。具体来说,这些匹配过程涉及译者对检索、监控和评估机制进行的持续探究(Krings 1986,1988)。转换能力在实践经验中得以产生和积累,是实际应用的知识,也是储备的知识。转换能力须由教师传授给一心向学的学生,因此,这一能力需要得到翻译学者的描述以及可能情况下的解释。正如我们所看到的,不能离开语言因素和百科知识去奢谈转换策略,所有的认知成分之间形成了一个复杂网络,而翻译研究的任务就是对其进行条分缕析。

翻译单位与翻译过程

翻译的心智加工过程和目标语文本的生成过程绝非井然有序的线性过程。译者能力作用于不同大小的文本片段。从本质上讲,这是一种分层匹配作用于所谓**翻译单位**的分级表现。翻译单位可以是或大或小、或简单或复合、或回指或预指、或系统或语篇的形意兼具的片段结构,且都受到文化的制约(Neubert and Shreve 1992)。通过转换策略以及与之紧密相关的反馈,我们可以窥见译者的百科知识、语言及相关资源的使用情况。大多数细微的翻译策略在成为常规做法之前,往往体现为与语言、主题和转换问题相关的复杂例证,其所在的语篇环境充满跨文化的模糊性。正是这些问题考验着译者的能力,更影响着所有能力参数之间的相互作用。原文中任何一个文本片段,取决于其在互文网络中的位置,均需在部分及整体评估的基础上,经历自下而上和自上而下的搜索、匹配和重构。而且这些评估也必须在多重翻译能力的指导下完成。

经验丰富的译员解决这些(翻译)问题的方式与新手或学生译员大不相同,他们时而采用极富创意的奇思妙译,时而采用平淡无奇的惯用处理。可以肯定的是,文本和文本类型的多样性要求译者必须灵活运用自己的能力。译者的知识和技能在很大程度上比其他专业人员的知识和技能更具有开放性,而且必须在日复一日的实践中不断精进,这一点毋庸置疑。匹配过程的认知控制,即译者不断利用自身经验解决翻译问题的方式,所遵循的方法有的经过了验证,有的并未验证,很大程度上取决于(给定的)文本类型或尚未接触过的(新的)文本形态和构成。这其实就是目前范围广泛、但尚未被系统描述过的所谓的"翻译过程"。此类实用翻译方法在教学中发挥着重要作用,却常被翻译理论研究者们视为过于实践导向,甚至微不足道而被抛弃了,但它却与培养学生译员翻译能力直接相关。事实上,程序性能力是培养转换能力的重要部分。而且,这一能力体现译者对原始语言和规范化语篇在受控条件下的执行情况(虽然没有那么常见),也体现译者对多种多样的主题知识能力在受控条件下的执行情况。同时,这一能力也受到译者意图的影响,是让原文本贴近目标语文化,还是远离目标语受众、保留更多原语文化的痕迹。

翻译能力与翻译过程之间、心理**构成**和实际**操作**之间的相互关系还涉及另一方面,即译者如何安排自己的工作。他们如何运用多元的知识和技能? 总体而言,这关系到问题解决策略和技巧,但更准确地说,如何将译者解决翻译问题的策略理论化也有不同的方法。目前流行的最基本的区分是传统的生产系统路径和联结主义认知模型(Johnson-Laird 1988)。前者提倡对翻译步骤明确规划,将翻译规则写进教材。相反,后者则不依靠任何明确的规则。在认知科学领域,联结主义又称"并行分布式加工",是基于思维结构的处理方式,当然此处是指双语译者的思维结构。它不是植根于众所周知的母语-二语之间的对应关系,就像母语和二语的结构和词汇之间普遍存在的对应关系那样。相反,像全息图一样,一段原语文本被译者整体感知和处理,好像是由许多平行分布的形式和/或内容元素实现和构成的。这种翻译文本处理过程的优势来自翻译单位的连接方式。翻译的不是直接构成信息的单个词汇或结构,而是整体再现,或曰**平行架构**,即这些单词和结构在创造文本体验过程中形成的复杂分布状况。译者运用精湛技艺,超越母语的字面意义,重新创造出新的二语文本全息图,依据的是语词在结构上的重新组合,并非表面上的对等,语言对等被扭曲了。但是,二语语法和词汇的整体效果表现出一种联结性,与原文形成翻译对等,这种对等完全依赖模式化的二语成分所对应的平行分布。二语读者对文本的处理与母语讲话者对原文的处理在语用效果上是一致的。此处"语用"指的是统摄二语讲话者和二语符号间关系的新的符号学条件，包括译文使用者对其所在二语交流环境中语言成分和语篇规范的预期模式。很显然，在第二个步骤中，译者需要发挥更大的创作能力。

笔者曾将这一翻译过程称为**"横向思考"**（lateral thinking）（Neubert 1986）。这当然不是应对翻译问题的唯一方法。在很多情况下，传统的词对词或结构对结构的翻译方法似乎可以完美地将母语的文本内容译入其他语言。选择哪一种方法是由译者的转换能力决定的。转换能力，以及其他四种能力，要么是译者专业能力的一部分，要么是由文本的性质激发产生的，或者更常见的情况是由个别的文本片段触发产生的。事实上，翻译任务的文本类型很大程度上决定了经验丰富的译者在特定翻译情境下如何配置各种能力。当然，在实际工作中，译者都会经济地运用他们的潜能。如果任何一段文本都需要译者调用同样多的智力来处理和重构，不仅会是徒劳无益的，而且可能后果严重。

不过，需要掌握的还有另外一种预备知识。译者如何能预判并知晓哪种最低或最高程度的追求完美才是合乎要求的？无须多言，主题知识能力本身已经足够复杂，不仅包括不同领域的主题知识，以及反映典型的原语和目标语文本世界的交际宏观结构，而且译者还需要熟练掌握各种翻译情境的需求和目的。一项用于印刷出版的翻译任务，与另一项在特定时间且时间有限、仅为了解决几位专家的沟通需求所安排的一项翻译任务相比，二者处理起来截然不同。此外，译者还需要确保译文的视觉效果和版式符合要求，包括特定的设计要求（Séguinot 1994），因而翻译能力往往需要一整个**团队**才能保证。同时还需要加强与委托人和客户在相互信任基础上的紧密合作。遗憾的是，这在译员们压力重重的翻译实践中并不多见。此外还有客户抗议或怀疑交付的译文到底是翻译还是**只是改编**的，而实际上，从交际对等的角度来看，改编已经足够。

现 实 意 义

翻译能力是极其多样化的现象。在其多样的历史进程中,翻译对译者提出了许多具体要求。因此,如果想给翻译下一个确切的定义,或者想几句话说清楚**正常的**单语交流在何处结束,翻译,亦即双语协调的交流从何处开始,那几乎是劳而无功的。可以说,在翻译史上,特别是随着现代交际方式日益丰富,人类几乎所有的符号互动方式都涉及翻译沟通或者与翻译沟通交织在一起。为了完成无处不在的翻译需求所产生的各种任务,译者需要系统性地、同时有针对性地拓展并精进自身能力。当然,就如翻译本身一样,这是一个持续不断的过程。如果译者知识和技能的边界是开放的,那么这一边界绝不仅限于语言学习或语言学的范畴。

现在的问题是,如何将翻译研究发展成一项实用的事业,同时不至于在各种能力不断相互渗透的境况中迷失自我。最初那些备受批评的简化或还原理论难道不就是为了试图应对我们的研究对象本来难以把控的复杂性吗?这对于任何一个交叉学科来说都是关键问题。也许我们可以从伯特兰·罗素(Bertrand Russell)的逻辑类型论中找到可能的补救办法,作为摆脱这一困境的方法论。翻译的多个方面都可以用限制性的观点来理解,因而这些方面需要某些特定种类的能力,比如语言的、语篇的、百科知识的、文化的、转换的以及其他可能的能力。然而翻译能力在本质上从属于另一个更高层次的逻辑,包含的不仅仅是低级逻辑顺序上的可变能力。简单而言,试图用那些低级逻辑的抽象概念解释翻译,就像只见树木不见森林。交叉学科的概念可能正是基于这种逻辑区分。

研究一个跨学科领域,比如翻译,必须时刻意识到各方面之间的相互依存性。只要考虑了这一整体性的假设,对一种十分特殊的能力特征进行任何细致深入的研究都是不设边界的。

教授一门复杂的交叉学科,比如涉及不同语言对、不同主题领域的各翻译子类,以及受到语篇和文化影响的决策,同样需要翻译能力框架作为基本指导原则。专注于某一特定部分或子能力当然是必要的,也合情合理(比如科技翻译的主题知识)。同样,技术项目、流程与术语有效匹配也是未来译者掌握的主题及语言知识的一项独特特征。此外还需要注意译者母语的重要性,以及往往被低估的目标语知识对于成功翻译的重要性(Neubert 1990)。此外还需要在翻译学员的语言对课程中纳入实用的语言转换方法(Neubert 1984)。

翻译培训项目不同阶段重点培养的不同子能力绝非彼此孤立。不论是译员培训课程中哪一种能力的专项培训,它总是某种能力整体的一部分。只有既可以系统性提高学生在某一领域的专业能力,又能相辅相成形成一个能力体系,专业知识和技能的教学才能达到最佳效果。通过精心的设计、切实的整合,我们才能确认某项知识或技能如何提高整体的翻译能力,并在此基础上具体实施。

总而言之,翻译能力是对可明确区分的几种子能力的分级配置,这些子能力主要涉及语言、语篇、百科知识、文化和转换的知识与技能,而翻译能力的概念是翻译研究复杂的跨学科性的关键问题。重点关注翻译能力各个部分细微的工作原理和相互作用也是培训未来译者的主要内容,能够帮助他们掌握双语交际活动的基础要点和具体内容。总之,翻译能力的整体观十分契合当下译者这一备受争议却又不容置疑的译者角色问题——他们是这个人人以专家自居的时代里了不起的、唯一的通才。

参 考 文 献

Covi, G., Rose, M. G., and Weaver, W. (eds). 1987. "A conversation on translation with

William Weaver". In M. G. Rose (ed.), *Translation Perspectives III: Selected Papers*, *1885 –86*. Binghamton: Suny, 84 – 91.

Johnson-Laird, P. N. 1988. *The Computer and the Mind. An Introduction to Cognitive Science*. London: Fontana.

Krings, H. P. 1986. "Translation problems and translation strategies of advanced German learners of French (L2)". In J. House and S. Blum-Kulka (eds), *Interlingual and Intercultural Communication. Discourse and Cognition in Translation and Second Language Acquisition Studies*. Tübingen: Narr, 263 – 275.

Krings, H. P. 1988. "Blick in die 'Black Box', Eine Fallstudie zum Übersetzungsprozeß bei Berufsübersetzern". In R. Arntz (ed.), *Textlinguistik und Fachsprache*. Hildesheim: Olms, 393 – 412.

Neubert, A. 1984. "Text-bound translation teaching". In W. Wilss and G. Thome (eds.), *Die Theorie des Übersetzens und ihr Aufschlußwert für die Übersetzungs-und Dolmetschdidaktik*. Tübingen: Narr, 61 – 70.

Neubert, A. 1986. "Translatoische Relativität". In M. Snell-Hornby (ed.), *Übersetzungswissenschaft — Eine Neuorientierung: Zur Integrierung von Theorie und Praxis*. Tübingen: Francke, 85 – 105.

Neubert, A. 1990. "Die Sprache des Übersetzers". *Der Deutschunterricht* I: 52 – 58.

Neubert, A. 1997. "Postulates for a theory of translation". In J. Danks et al. (eds.), *Cognitive Processes in Translation and Interpreting*. Thousand Oaks: Sage, 1 – 24.

Neubert, A. and Shreve, G. 1992. *Translation as Text*. Kent: Kent State University Press.

Schmitt, P. 1986. "Die 'Eindeutigkeit' von Fachtexten: Bemerkungen zu einer Fiktion". In M. Snell-Hornby (ed.), *Übersetzungswissenschaft — Eine Neuorientierung: Zur Integrierung von Theorie und Praxis*. Tübingen: Francke, 252 – 282.

Séguinot, C. 1994. "Translation and advertising: Going global". *Current Issues in Language and Society* 1: 249 – 281.

Snell-Hornby, M. 1988. *Translation Studies: An Integrated Approach*. Amsterdam/ Philadelphia: Benjamins.

Weaver, W. 1984. "The Start". *Translation: The Journal on Literary Translation* XII (17): 17 – 18.

双语能力与翻译能力

玛丽萨·普雷萨斯
巴塞罗那自治大学

引　　言

　　教学过程一般包含三个基本要素：待习得的知识或技能、习得知识技能的学生，以及引导学生学习的教师。在翻译教学中，我们暂时不去讨论理想教师的特质，而是重点关注制定学习目标并探究如何实现这些目标。换言之，我们注重的是方法论并寻求定义翻译能力。毫无疑问，过去十年，研究者对于学生如何学习的兴趣愈发浓厚，由此开展的研究也充分解释了新手译员面临的问题以及他们应对这些问题所采取的策略。然而，这些问题的根源却没有得到足够重视，翻译能力的基础也未得到足够关注。笔者认为这两个问题可能均源于译员的双语能力。

　　自哈里斯（Harris）（1977）的论文发表以来，很多学者都认为双语者是**天然的译者**，因为他们不仅拥有两门语言的能力，还拥有将一门语言翻译为另一门的能力。依此观点，并沿着哈里斯的逻辑再往前推一点，要想掌握翻译能力，只需提升这种双向的双语能力。

尽管双向能力的存在不可否认,但克林斯(Krings)(1986)、洛舍尔(Lörscher)(1991)、库斯莫尔(Kussmaul)(1995)及许多其他学者的研究中都列出了大量糟糕的译文和存在的各种问题,这表明双语能力虽是翻译的必要条件,但其本身不足以保证翻译能力,至少从其学术意义上来说尚不充分。

本文将依据目前有关双语的研究,试图勾勒出双语者的心理语言特征,并就如何在翻译能力培养中更好地利用双语能力提出建议。

双 语 能 力

什么是双语者?

我们要回答的第一个问题关乎双语概念本身。实际上,无论是在日常用语还是专业语言中,双语的概念似乎都已成熟。但仔细梳理这些定义后便会发现,不少定义过于宽泛,而且常常相互矛盾。比如,双语研究的先驱之一魏因赖希(Weinreich)提出了这样一个综合性定义:"交替使用两种语言的做法被称为**双语主义**,而这样做的人称为**双语者**。"(Weinreich 1968:1)。然而,这一看似明确无误的定义却并不清晰,因为它可以适用于很多不同情形,比如和父亲说(或刚会学着说)法语、与母亲说德语的两岁幼儿,毕生致力于研究拉丁语古典文献的荷兰学者,能读懂德语专业法律文本的西班牙法律专家,将工程手册译成德语的捷克工程师,或是毕业于西班牙研究专业、在华沙教西班牙语的波兰人,等等。

魏因赖希定义的模糊性在于他忽视了多个因素,包括习得每种语言时的年龄、习得场景(在双语还是单语环境中、在家还是在学校等)、习得顺序、使用范围以及每种语言的社会声望。更重要的是,魏因赖希的定义忽视了每种能力(口头和书面输入、口头和书面输出)的掌握程度。

布龙菲尔德(Bloomfield)(1933:55-56)提出以下定义:"……如果外语学习成果出色,同时母语能力未见损耗,这种情况就是'双语',即对两种语言的运用都达到近似母语的程度。"这一定义对二语教学的目标设定以及双语的一般性概念产生了关键性影响。但是他又补充说:"当然,我们无法界定到达怎样的完美程度才可能认定一名外语讲得出色的人已经成为双语者——其中的差别是相对的。"(同上)

明确界定语言水平确实不易,麦基(Mackey)不得不承认,"几乎可以肯定,要研究双语现象,我们就不得不将其作为完全相对的概念进行考量"(Mackey,1970:555)。

至于双语能力作为翻译能力发展的前提条件问题,笔者有一点可以肯定:译者必须**充分**掌握其工作语言。同样,本文不讨论诸如习得语言的年龄或习得场景等问题,笔者感兴趣的是学习过程的**结果**,而非学习过程本身。具体而言,本文重点关注的是这一结果的两个方面:双语者在两门语言中各自掌握的技能,以及学习过程的认知效果(即双语记忆的结构以及双语言语的两个特征,即干扰和语码转换)。

双语者的技能

就语言技能而言,**双语**的概念通常与能用两种不同语言进行**表达**的人相关联。也就是说,双语能力由能够主动或有效使用两种语言来做规定性界定。比腾斯·比尔兹莫尔(Baetens Beardsmore)(1982:13-17)则采取描述性标准,根据是否掌握输入或输出的技能将双语者分为"输入型双语者"和"输出型双语者"。

在试图确定译者的语言能力时，我们可以采用规定性标准，探寻译者最应具备的、必须擅长的技能组合是什么。这里涉及三个因素：(1) 方向性（即正向翻译［从二语译入母语］还是逆向翻译［从母语译入二语］）；(2) 模态（口译还是笔译）；(3) 具体的语言对。表 1 列举了口译者和笔译者完成各自口笔译任务必须具备的语言和技能。

表 1：笔译者和口译者的专业技能

	口头输入	口头输出	书面输入	书面输出
正向笔译			二语	母语
逆向笔译			母语	二语
正向口译	二语	母语		
逆向口译	母语	二语		

输入和**输出**特指**文本**的接收和产出。翻译不能因考虑纯粹语言因素而忽略**交际**功能。

双 语 记 忆

理解翻译的基本认知机制，需要讨论的第二个问题是，双语者使用的两种语言是否拥有两套独立的记忆，还是他们两种语言的记忆相互依存。换言之，我们感兴趣的是每种语言的语言符号和说话者与这些符号相连的心理表征之间的关系。对此，我们必须牢记魏因赖希关于**协调型双语者**（说话者将两种语言符号分别与两套独立的心理图像相联系）、**复合型双语者**（说话者的两种语言符号拥有相同的心理图像）及**从属型双语者**（说话者将一种语言的语言符号与另一种语言的语言符号相联系，再将二者与一套心理图像相联系）的分类（Weinreich 1968：9 - 10），见图 1。

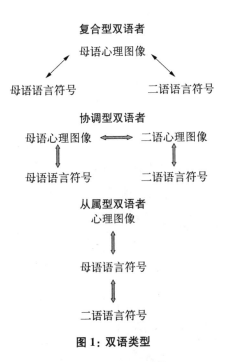

图1：双语类型

之后，三类双语者之间泾渭分明的界限受到质疑（Taylor 1976，转引自 Hornby 1977：5）。大家的结论是这些条件都是纯粹的抽象理论，在现实中并不存在，任何一个双语者只是**倾向于**要么是复合型，要么是协调型。

笔者希望强调的是，心理语言学家倾向于将双语者视为**语言使用者**而非**译者**来进行研究。这就解释了为何复合型双语者常被当作理想译者的条件，而协调型双语者应向这一方向努力（López García 1991：94）。

心理语言学研究显示，心理图像和记忆总体上构成了语言输出和输入过程的核心部分。因此，起作用的双语记忆似乎必然会制约翻译的输入—输出过程。

将魏因赖希的双语记忆分类假设进行拓展，我们可以根据译者的输入—输出过程归纳出四种译者类型：**联想型译者**只是将一种语言的词汇或语篇特征对应到另一种语言的词汇或语篇特征上[1]；这一过程纯粹是基于语言因素,与任何心理内容都不存在联系,因而并不能体现真实的理解或接受过程(见图2)。

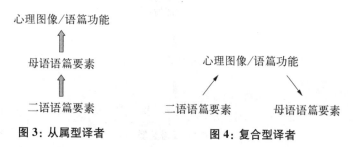

二语语篇特征/词汇要素 ➡ 母语语篇特征/词汇要素

图2:联想型译者

从属型译者只将心理内容与两种语言之一相联系;输入过程中将一种语言的词汇对应到另一种语言中的词汇,再将后者与心理内容进行联系;换言之,"翻译"发生在理解之前(见图3)。

心理图像/语篇功能

⬆

母语语篇要素　　　　　　　　心理图像/语篇功能

⬆　　　　　　　　　　↗　　　　　↘

二语语篇要素　　　　二语语篇要素　　母语语篇要素

图3:从属型译者　　　　**图4:复合型译者**

复合型译者将一种语言的词汇与某个独立的心理内容库联系起来,再从中找到与另一种语言的词汇的联系;在这种情况下,输入—输出过程是模糊的,因其并未区分两种语言的心理内容(见图4)。

协调型译者将一种语言的词汇与其相应的心理内容库相关联,再将第一个库的具体心理内容与第二个库的具体心理内容相关联,后者又与另一种语言的词汇相联系。换言之,每种语言都有各自的心理内容库,输入—输出过程明确区分每种语言的心理内容(见图5)。

母语心理图像/语篇功能 ➡ 二语心理图像/语篇功能

⬆　　　　　　　　　　　　　　⬇

母语语篇要素　　　　　　　　二语语篇要素

图5:协调型译者

当然,不能排除一位译者可能兼具以上四种类型中的多个类型,也不能否认在译员培养过程的不同阶段,不同类型会起到主导作用。笔者认为专家译员能力的理想类型是协调型。因此可以得出结论,就翻译教学而言,学生应当学习协调型译员的翻译机制。但复合型译者,特别是从属型和联想型译者的概念,均有助于解释干扰现象。

双语语言使用的两个特征:干扰和语码转换

干扰

魏因赖希(Weinreich)(1968:1)将干扰定义为一种个别现象,即双语者语言使用时偏离常规。相比之下,麦基(Mackey)(1970)则将干扰定义为在言说或书写一种语言时使用另一种语言的特征。应当注意到,后一个定义中**偏离常规**这一负面含义不复存在。但两个定义均认为干扰会影响产出,且一般认为是母语或优势语言对第二语言的习得和使用产生了负面影响。

在翻译领域,干扰同样隐含负面含义,被视为翻译过程的一个显著特征,至少对新手译员而言如此。干扰也同样出现在逆向翻译中,即母语影响了二语的文本产出。

不过,干扰同样出现在正向翻译中,具体有两种特征。第一种干扰发生在接受过程。母语干扰二语的理解,导致"假朋友"现象的出现,尤其(但不限于)出现于新手译员中。本文无意深入探讨这一问题,但从心理语言学角度解释,该现象是由不同语言的词汇在未充分考虑对应心理内容时就进行联系而导致的。或者也可视为魏因赖希关于从属型双语者假设的一种例证,因为说话者的接受机制尚不完善,忽略了二语词汇的心理内容表征。不管是何种情况,皆为在理解过程中,自下而上的加工未能经由充分的自上而下的加工完成。

第二种是在正向翻译中,二语干扰影响母语的输出。这无疑是翻译过程研究最多的现象之一。事实上,在翻译理论中,语言间干扰的可能性及解决这一问题的过程构成了对比文体学的研究核心。然而,学界常从语言学角度对干扰进行描述和归类,至今尚无心理语言学视角令人信服的假设可以解释二语原文对译者产生的近乎催眠的影响，即便是从二语译入母语的熟练高手也难逃此影响。笔者姑且认为词汇层面联想机制的普遍存在是阻碍相关心理内容分析的原因。

如果以上观点成立，那么解决这两种干扰的可能途径之一，就是让学生译员习得协调型译员的输入—输出机制。

语码转换

语码转换是指在一个表述或一段会话中交替使用两种语言的现象。在一些学者看来，这一现象也具有负面含义，因为与干扰一样，语码转换也印证了双语者无法持续区分两种语言符码的刻板印象。也有学者关注到在干扰和语码转换之间难以划分清晰的界限。比腾斯·比尔兹莫尔（Baetens Beardsmore）（1982：110）提出了一种有趣的区分方法，即区别在于两种现象涉及的机制。干扰是不自觉的，似乎发生在潜意识层面，而语码转换是有意识的、自主的，发生在与说话者及其听者有关的场景中[2]。

心理语言学对语码转换的这一定义可应用于翻译，但应注意几项重要区别。译者是**有意识地**、**交替地**使用两种语言，但涉及的技能不同：他们接收一种语言、输出另一种语言。至此，语码转换的概念与哈里斯假设的双语者的第三种能力一致，因此被视为转换加工的基本机制。要完成这种转换，译者必须建立起工作语言之间的**桥梁**或曰连接机制。因此，在这一特定方面，翻译能力依赖于译者已建立的桥梁或连接机制。笔者认为翻译能力的习得就在于这种从双语能力向**语际**能力的**转变**。

另一方面，针对新手译员的研究显示，他们的转换机制十分初级：通常是机械的一对一关联，且几乎局限于词汇层面。因此，笔者认为，要想获得翻译能力，就要改进这些连接机制。

认知特征

有关单语者和双语者的对比研究显示，第二语言的习得涉及某种认知特征的发展,对翻译教学亦有启示。

20 世纪 20、30 年代的研究声称,与单语儿童相比,双语儿童在学校进步更慢、智商更低、社会适应能力更差。与之相反的是,本·泽夫(Ben-Zeev)(1977)、阿佩尔和穆伊斯肯(Appel and Muysken)(1996)等当代学者的研究表明,与单语者相比,双语者的认知更为灵活,横向思维和远距联想能力更为发达。人们普遍认为恰恰是这些能力决定一个人的创造力,它们与更强的语言符号处理能力相结合,因为双语者从很小开始就学会将词汇的视觉或听觉形式与其心理内容区分开来。表面看这些能力都只会有助于翻译能力的发展,但从负面影响来看,双语者对词汇和一些语法规则的掌握程度似乎不高,这显然对翻译能力的发展不利。

新手译员 vs. 专家译员

基于以上论述,我们可以构建出**双语译员**(natural translator)或新手译员及专家译员的心理语言学特征,如表 2 所示:

表 2:新手译员和专家译员的心理语言学特征

新 手 译 员	专 家 译 员
● 非专门性语言技能 ● 双语记忆(复合型或从属型) ● 无意识干扰机制 ● 语码转换机制(词汇层面)	● 专门性语言技能 ● 双语记忆(协调型) ● 在输入和输出过程中控制干扰 ● 启发式文本转换过程
● 认知特征:灵活性、横向思维、远距联想能力	

然而,如果考虑到专家译员必备的知识和技能,也就是我们提出的翻译能力概念中的内容,那么心理语言学特征只是其中一个方面。

翻译能力可被定义为翻译所需的各种基本类型知识构成的体系,包括陈述性知识和程序性知识。对翻译过程的观察显示,译者能有效调用不同种类的知识和技能:两种语言的知识,真实世界的知识,材料的主题知识,使用字典和其他文献资源等工具的能力,创造力和注意力等认知能力,或解决具体问题的能力等。这些多种多样的知识形成了不同的译者能力结构模型(Bell 1991;Wilss 1992;Beeby 1996;Hurtado 1996;Presas 1996;Shreve 1997 等)。虽然这些模型大多还只停留在思辨层面,但它们确实回应了翻译教学中界定教学目标的需求。

根据本研究的目标,笔者将使用巴塞罗那自治大学 PACTE[3] 小组提出的翻译能力模型(2000),该模型包含六个子能力。其中,四个子能力(双语交际能力、语言外知识能力、工具及文献使用能力、创造力或严谨性等心理能力)可被视为**边缘**能力,而转换能力是核心能力。这五个子能力根据翻译的方向性(正向或逆向)、主题、文本类型等通过不同方式相互作用。控制这些子能力之间相互关系的能力称为"策略能力",因其负责解决具体的翻译问题。

转换能力是核心能力,上文提及的专家译员所具备的所有具体的心理语言学特征均与之相关。转换能力要求专业的语言能力,并取决于翻译的方向(正向还是逆向)、模态(口译还是笔译),还需要协调型的双语记忆,如此才能保证在输入和输出文本过程中对干扰和语言间机制进行监控。

不同于专家译员,对于新手译员而言,其翻译子能力要么尚未形成,要么虽具雏形,但尚不相互关联。

翻译能力的培养

任何学习过程都必须包含学习者心智结构的两种质变。一方面,学习不仅要将新知识融入已有知识网络中（信息的累积），而且要在融合的基础上对已有知识进行重组（新知识的加工）（Pozo 1996）。另一方面，学习不仅仅是习得规则和数据（陈述性知识），还包括培养运用这些规则和数据解决问题的能力（程序性知识）（Anderson 1983）。

由此看来，培养翻译能力大致包括三个步骤：（1）习得先前未有的能力；（2）对已有能力进行重组，以发展转换能力；（3）习得策略能力。

仅就心理语言学因素而言，转换能力的习得和发展也分为三步：（1）双语交际能力的专门化（口语或书面，输入或输出）；（2）重组、调整和拓展语码转换和双语记忆机制；（3）形成整合机制，用于监控干扰。

结　　论

综上所述，关于双语现象的研究证明了双语能力构成翻译能力发展的心理语言学基础，尤其是转换子能力。即便如此，本研究也表明，无论是转换能力的心理语言学技能的习得，还是整体翻译能力的习得，都不能简单归结为提高双语能力即可。翻译能力的培养要求双语者精通某些心理语言学技能，并重建相关机制，同时还需要习得纯语言技能之外的其他知识和技能。

注　　释

1. 这种联想在一些实验中被默认存在。在这些实验中，双语者被要求在没有上下文的情况下将一组词汇从一种语言译入另一种语言，并测量联想的实际速度。

2. 然而,这一解释又提出了如何区分语码转换和外来词、借译词的问题。阿佩尔和穆伊斯肯(Appel and Muysken)(1996)将语码转换定义为个体现象,而外来词是一种社会现象,但他们也指出二者之间的界限通常是模糊不清的。

3. PACTE 小组成员包括 A. 毕比(A. Beeby)、L. 贝伦格尔(L. Berenguer)、D. 恩辛格(D. Ensinger)、O. 福克斯(O. Fox)、A. 乌尔塔多·阿尔维尔(A. Hurtado Albir)、N. 马丁内斯·梅利斯(N. Martínez Melis)、W. 诺伊恩齐希(W. Neunzig)、M. 奥罗斯科(M. Orozco)、M. 普雷萨斯(M. Presas)及 F. 韦加(F. Vega)。

参 考 文 献

Anderson, J. R. 1983. *The Architecture of Cognition*. Cambridge: Harvard University Press.

Appel, R. and Muysken, P. 1996. *Bilingüismo y contacto de lenguas*. Barcelona: Ariel.

Baetens Beardsmore, H. 1982. *Bilingualism: Basic Principies*. Clevedon: Tieto.

Beeby, A. 1996. *Teaching Translation from Spanish to English: Worlds beyond Words*. Ottawa: University of Ottawa Press.

Bell, R. 1991. *Translation and Translating*. London: Longman.

Ben-Zeev, S. 1977. "Mechanisms by which Childhood Bilingualism Affects Understanding of Language and Cognitive Structures". In P. A. Hornby (ed.), *Bilingualism. Psychological, Social, and Educational Implications*. New York: Academic Press, 29-55.

Bloomfield, L. 1933. *Language*. New York: Holt, Rinehart and Winston.

Harris, B. 1977. "The Importance of Natural Translation". *Working Papers on Bilingualism* 12: 95-105.

Hornby, P. A. (ed.). 1977. *Bilingualism. Psychological, Social, and Educational Implications*. New York: Academic Press.

Hurtado Albir, A. 1996. "La cuestión del método traductor: Método, estrategia y técnica de traducción". *Sendebar* 7: 39-57.

Krings, H. P. 1986. *Was in den Köpfen von Übersetzern vorgeht*. Tübingen: Narr.

Kussmaul, P. 1995. *Training the Translator*. Amsterdam/Philadelphia: Benjamins.

López García, A. 1991. *Psicolingüística*. Madrid: Síntesis.

Lörscher, W. 1991. *Translation Performance, Translation Process, and Translation Strategies*.

Tübingen: Narr.

Mackey, W. F. 1970. "The Description of Bilingualism". In J. A. Fishman (ed.), *Readings in the Sociology of Language*. The Hague: Mouton, 554 – 584.

PACTE, 2000. "Acquiring translation competence: Hypotheses and methodological problems of a research project". In: A. Beeby, D. Ensinger and M. Presas (eds.), *Investigating Translation*. Amsterdam/Philadelphia: Benjamins, 99 – 106.

Pozo Municio, J. I. 1996. *Aprendices y maestros*. Madrid: Alianza.

Presas, M. 1996. Problemes de traducció i competència traductora: bases per a una pedagogia de la traducció. Ph.D. Thesis. Universitat Autònoma de Barcelona.

Shreve, G. M. 1997. "Cognition and the Evolution of Translation Competence". In J. M. Danks et al. (eds), *Cognitive Processes in Translation and Interpreting*. Thousand Oaks: Sage, 120 – 136.

Weinreich, U. 1968. *Languages in Contact: Findings and Problems*. The Hague: Mouton.

Wilss, W. 1992. *Übersetzungsfertigkeit. Annäherungen an einen komplexen übersetzungspraktischen Begriff*. Tübingen: Narr.

英法互译中的语体与语法

让-皮埃尔·马亚克
索尔福德大学

引　言

众所周知,几个世纪以来,法国政府一直对法语实行监管。历代政权都不惜以牺牲其他语言或方言为代价,极力推行标准法语,力求强化政治统一。具体措施多样,包括设立法兰西学院(Académie française)、发布《政府公报》(*Bulletin Officiel*),通过高度集中的教育体系推行语法规范[1]。

人们普遍认为,这一监管导致了法语不同语体(正式/无标记/非正式)之间的语法差异,以及比许多其他语言更明显的书面语和口语差异。吉罗(Guiraud)将受教育者说的精英法语(français cultivé)与未受教育者说的大众法语(français populaire)进行对比,指出:

> 二者的根本区别在于,精英法语的规则同时结合了方言上的考量和传统经验,而大众法语仅受到整个符号系统的自然规则约束。(Guiraud 1973：12)

精英法语的使用者都会注意遵守语法学家所制定的规则,因此精英法语往往比大众法语更为稳定,后者往往以更**自发**(spontaneous)的方式发生演变。当然,社会态度在这一过程中也发挥着重要作用:

> 部分地区人群特别无法容忍语言变异,强烈反对语言演变,但矛盾的是,正因如此,**标准**法语和**口语**法语之间的差异已经非常明显:具有压制性的规范总能激起反抗。(Lodge 1993:3-4)

虽然目前已有迹象表明,法语中受教育者和未受教育者使用的不同变体,以及口语与书面语的不同形式之间的差异正在缩小,但如果将法语与在历史上并未受到类似压力和限制的语言(如英语)进行比较,就可以揭示出(两种语言)不同语体表达方式的差异。这也正是桑德斯(Sanders)的观点:

> 英语与法语的一个主要区别就是法语口语与书面语的分化程度。与此相关的是**正式**用语和**非正式**用语之间的区别,这种区别在法语中比在英式英语中更为明显。(Sanders 1993b:27)

在此背景下,本章基于一篇英语文本翻译的对比分析,探究法语不同语体间的差异大于英语这一观点,从而首先确定语言学家提出的法语语法的独特性标志是否在译文中体现。此外,通过检视翻译策略产生的影响,阐明译者所需的对应子能力的本质。

作为翻译难点的语体语法标记

在英法互译的翻译难点研究中,法语不同语体中的语法标记问题似乎未得到相应关注（参见 Vinay and Darbelnet 1960；Legouadec 1974；Rafroidi 1973；Guillemin-Flescher 1981；Ballard 1987；Laruelle 1989；Hervey and Higgins 1992；Delisle 1993）。许凯和帕亚尔（Chuquet and Paillard）（1987）简要提及了一些现象，如虚拟式未完成过去时、否定式（同上：218）和名词化（即使用名词比使用相应的动词更为正式，例如：Il attendait la parution du livre/que le livre paraisse；He insisted on immediate payment/on being paid immediately；同上：19－20）。不过最常见的说法是，在英语中，与源自盎格鲁-撒克逊语的对应词相比，源自拉丁语和希腊语的词汇更加正式，并特别提到了动词短语（如 do away with 和 abolish；同上：199－202,399,316）。换言之，关注重点更多是在词汇层面上。

在分析文本之前，需要先澄清几点方法论问题。语言学家用来描述不同语体分类的数量和特点因人而异、不尽相同，有时甚至区别迥异（见 Sanders 1993b 对分类的批判性讨论）。为减少研究方法上的困难，笔者在讨论中将仅采用最为广泛的分类方式，将语体连续体分为三大类：无标记的中性标准语体，有标记的正式语体和非正式语体[2]。此外，还对特定结构基于个人直觉进行的判断与英法两种语言母语者的直觉判断进行了细致核对。

具体而言，不同语体中相对更大的差异如何在对比分析中呈现呢？从逻辑上说，相较于英语，在法语中应当可以观察到不同语体中有更多的语法差异。因此，法语中应当有更多有标记的语法形式（正式语体或非正式语体）可以使用，并与一般语体并存，而英语中只有对应的无标记语体可供使用。否定式就是一个常见的例证。英语中，通常使用 not 表达否定，法语则可根据不同语体做出区分：（1）单个词 ne（je ne saurais/puis/cesse, je n'ose）的正式语体结构；（2）通常视为标准语体和无标记语体的 ne ... pas 结构，不过这一形式目前逐渐成了稍正式语体的标志（je n'ose pas）；（3）更加非正式的 pas 结构（j'ose pas）。表 1 列出了以上对应关系。

表 1: 否定式

英　　语	法　　语
无标记：NOT	有标记(正式)：NE
	无标记：NE … PAS
	有标记(非正式)：PAS

　　如果否定式不是特例,那么英语中一个无标记语体的形式或结构,在法语中常常会对应一个或多个有标记的表达,因此译者就需要做出选择,以保持原文风格。从另一个翻译方向来看,在从法语译入英语时,会出现语体差异的中和,从而可能造成语义缺失。现在我们来看具体材料。

文　本　材　料

　　本研究选取的文本是 J. D. 塞林格(J. D. Salinger)的《麦田里的守望者》节选(企鹅现代经典,1951：132 - 133)。法语译文有三个版本：让-巴普蒂斯特·罗西(Jean-Baptiste Rossi)的译本(袖珍版,2108 号,1953：169 - 171)[3]、索尔福德大学英语母语学生的译文以及笔者翻译的参考译文。罗西译本的曲解和误配之处数量惊人,而且不少是严重错误[4],大多涉及语体的形态句法标记,进而凸显了本研究关注的问题。此外,英国学生提出的修改方案也反映出通过语法体现语体的固有困难。最后,可以看出,所选文本虽然简短,却有多处需要译者考虑多个语法特征后做出抉择，才能将语体译入法语。因此该文本非常适合本文的研究目的。

词汇方面，选文涵盖从较正式到粗俗的不同语体，包括口语和无标记语体。除了母语者认为较正式的 finally 和粗俗的 for Chrissake 之外，大多数有文体标记的词汇要么是口语化的，要么是非常口语化的：jerk(s)，what a deal that was, phoney/ies, smoking their ears off, dopey, guy, and all, modest as hell, I got a big bang out of it, old Sally，rubbering, big deal, smoking himself to death, bored as hell, a big soul kiss, she got sore when I said that，kids, old buddyroos，when they were all done slobbering around，that killed me。

语法方面，选文句法结构简单，基本属于标准的无标记英语。有标记的形态句法现象很少，分为口语化、非常口语化，或偶尔有社会标记：a guy in a war movie THAT gets yellow；LIKE AS IF he didn't even know that people were looking at him；when they WERE all DONE slobberING；he was the kind of phoney THAT HAVE to give themselves room。严格来说，助动词或副词 not 的缩写形式(don't、it's、didn't、he'll、should've、you'd、hadn't、they'd)也意味着语体**不太正式**，准确来说它们并不是**非正式**，尽管这些词经常使用，并被视作英语口语的标志。

以上观察说明该文本的总体特征可以描述为相当口语化或非常口语化。有趣的是，语体大多体现在词汇层面，而只有极少数的标记反映在语法层面上。应当指出，如果用词反映出该文本用的是美式英语，语法方面却不一定如此，因为美式英语与英式英语的语法用法并无二致。此外，笔者请教的英式英语和美式英语母语者对文本中语法形式内涵意义的理解一致[5]。因此，两种英语用法之间的差别在本文讨论中不做考虑，分析主要根据英式英语的语法展开。

文本材料中的模式

下面我们观察一下两种语言对应关系的模式,确定这些模式是否与语言学家观点的含义一致。第一组是无标记英语和正式法语的对应关系(见表2)。

表 2:无标记英语和正式法语

英　语	法　语	
	正式	
无标记		

罗西糟糕的译文提供了很多例子;还有一些来自学生译文(标记为[St])。非正式语体的译法将在下一部分展示。若没有提供,括号中将给出恰当的无标记译法。

(1) 限定词

Some dopey movie actor

JE NE SAIS QUEL stupide acteur de cinéma

SOME phoney party

QUELQUe stupide partouze [sic]

(2) 指示代词

THAT killed me

CELA m'a tué [*St*]

（3）人称代词

NOUS/ON

WE went out

NOUS sortîmes

VOUS（*indefinite*）/*ON or TU*

any place YOU took her

où que VOUS l'ameniez（*vs. partout où TU l'menais/ON l'amenait*）

You'd have thought ...

VOUs auriez pensé ...（*vs. ON aurait dit que/TU aurais dit que*）[6]

（4）不定代词

EVERYBODY smoking

CHACUN fumait [*St*]（*vs. TOUT LE MONDE fumait*）

when they were all done slobbering around

quand ils ont eu fini de se baver L'Un sur L'AUTRe [*St*]（*vs. se baver dessus*）

（5）关系代词

any place [Ø] you took her

OÙ QUE vous l'ameniez（*vs. PARTOUT OÙ*）

（6）情态

you SHOULD'VE SEEN the way they said hello

il AURAIT FALLU que vous voyiez la manière dont ils se disaient bonjour

（7）现在分词

everybody SMOKING

chacun FUMANt ［St］（vs. ils étaient tous EN TRAIN DE FUMER /
là À FUMER）

（8）时态

虚拟式未完成过去时

so that everybody COULD hear

de manière à ce que tout le monde PÛT les entendre（vs. pour que
tout de monde PUISSE — présent）

简单过去时

we WENT out with all the other jerks

nous SORTÎMES avec tous les autres cornichons（vs. ON EST
SORTIS — passé composé）

奇怪的是,罗西大量使用简单过去时,即使一些搭配已经使译文文体
完全不正常(如 *Ça m'EMBALLA / Ça me TUA*)也是如此。

先过去时

when they WERE all DONE SLOBBERING around

quand ILS EURENT BAVÉ tout leur saoul

（9）否定式(ne)

罗西不仅忽视了非正式语体应使用不带 *ne* 的结构,他似乎还偏爱使
用本身带 ne 的正式语体结构:

Old Sally kept saying

Vieille Sally Ne cessait de répéter

SOME dopey movie actor

Je Ne sais quel stupide acteur de cinéma

You'd have thought they'd taken baths in the same bathtub or
something

... ou je Ne sais quoi

（10）疑问句（倒装）

Why DON'T YOU GO on over ...

Pourquoi ne VAS-TU pas ... ［*St*］

（11）表达数量

You never saw SO MANY phonies

Vous n'avez jamais vu TANT de bluffeurs ［*St*］（*vs. AUTANt*）

（12）动词的分组[7]

In one of those very dark grey flannel suits

VÉÊTU d'un de ces costumes de flanelle gris très foncé ［*St*］

在回译时，对应译文并没有在英语中体现出正式语体，而是无标记语体，上述例子的问题因而格外凸显：

je ne sais quel ＞ some

cela ＞ that

nous（＝ on）＞ we

vous（不定代词）＞ you

chacun ＞ everybody

il aurait fallu que vous voyiez ＞ you should've seen

fumant ＞smoking

de manière à ce que tout le monde pût les entendre ＞ so that everybody could hear them

nous sortîmes ＞ we went out

Vieille Sally ne cessait de répéter ＞ Old Sally kept saying

Pourquoi ne vas-tu pas ...＞ Why don't you go on over ...

tant de bluffeurs ＞ so many phonies

l'un sur l'autre ＞ over each other

quand ils eurent bavé > when they had slobbered around

第二组是无标记英语与非正式法语之间的对应关系,这是恰当翻译出原文语体的必要条件(见表 3)。除另有说明外,对应译文均为笔者自译。

表 3: 无标记英语与非正式法语

英 语	法 语
无标记	
	非正式

(1) 限定词

SOME dopey movie actor

UN ESPÈCE d'acteur de cinéma

SOME phoney party

UNE ESPÈCE DE surboum bidon

(2) 指示代词

THAT killed me

ÇA me tua(罗西译文)

(3) 人称代词

IL/Ø

You should've seen the way they said hello

[*Ø*]] *Fallait voir comment ils se sont dit bonjour*

代词重复

Old Sally didn't talk much

Sally ELLE parlait pas beaucoup〔*St*〕

Sally ELLE ELLE parlait pas beaucoup

ON（= *NOUS*）

WE went out

ON est sortis

（4）情态

you SHOULD'VE SEEN the way they said hello

（*IL*）*FAUT VOIR comment ils se sont dit bonjour*

（5）否定

七处否定表达应当省略 ne：*You NEVER saw so many phonies* >
Vous avez JAMAIS vu .../*I doN'T know his name* > *je sais PAS
comment il s'appelle* 等。

（6）疑问句

Why DON'T YOU GO on over ...

Pourquoi TU VAS pas ...（主谓顺序，升调）

这里回译再次保留原有模式。

第三组是正式英语与正式法语之间的对应关系（双向，见表4）。

表 4：正式英语与正式法语

英　　语	法　　语
正式	正式

第一个例子来自学生译文，第二个来自罗西的译文。

Si ce n'est > *if it were not for/were it not for/other than/if not*，etc.

où que vous l'ameniez > *wherever you took her*

最后一组是两种语言中的非正式或有社会标记形式的对应关系（见表 5）。

表 5：有标记的形式

英　语	法　语
非正式	非正式

为为数不多的非正式或有社会标记的结构找到对应译例并无问题：

he always plays the part of a guy … THAT gets yellow …

le rôle d'un type QU'a la trouille

when they WERE all DONE slobberING around

quand ils EN ONT EU FINI de se baver dessus

he was the kind of phoney that HAVE to give themselves room.

c'était le genre de frimeur qui ONT besoin d'espace …

LIKE AS IF he didn't even know that people were looking at him

COMME SI QU'il savait même pas que les gens le regardaient.

结　　论

　　从以上简要的对比分析中可以得出什么结论？第一,将语体译入法语需要做出一系列涉及文体的决策,包括限定词、代词(指定代词、人称代词、不定代词、关系代词)、情态、时态、否定式、疑问句和数量表达等。仅一页纸文本的翻译就需要面临如此之多的决策,可见这一情况不容忽视。更为重要的是,所观察到的对应关系确实与语言学家预测的情形相吻合,具体如下(表6),不少实例涉及无标记的英语形态句法成分对应为有标记的法语译文。

表 6：英法语体对应关系

英　　语	法　　语
正式	正式
无标记	无标记
非正式	非正式

　　英法两种语言之间的这一差异对翻译策略有几点启示。第一步是要识别出有标记的词汇和语法形式和结构,从而确定原文的语体。其次,如果从英语译入法语,原文带有文体标记,则应增加有标记的形态句法特征的数量,避免因忽视法语中常见的语法标记而导致译文语体级别降低。而从法语译入英语时,一旦有标记的语法结构数量减少,将不可避免地导致法语中一些语体差异的中和,同时也会造成语义缺失。这随即引出了另一个问题,即补偿策略[8]是否可能,如果可能,应以什么形式实现。

　　如果法语在话语中表达不同语体的方式确与英语存在根本差别(定性

和定量差别均有),那么至少从理论上看,补偿策略是不可行的。我们可能必须面对这样熟悉的情形:一个语言对中的两种语言之间存在差别,语义缺失无法避免。但在实践中,特定的翻译情形也许有补偿策略的空间。

例如,就正式语体而言,一些情况下英语的正式性可以通过借助具有希腊语或拉丁语词源而非盎克鲁-撒克逊词源的词汇来表达,因为人们认为前者更学术,从而产生了词汇补偿的一种形式(如 do away with/abolish、carry out/perform、make up/constitute 等;见 Chuquet and Paillard 1987:199-202,399,316)。

非正式语体的问题可能更多,因为法语词汇中的非正式表达可能至少与英语(至少英式英语如此)同样多。很多人直觉上都觉得日常法语中的很多词汇似乎在英式英语中都找不到合适的对应表达(如:bagnole、baraque、piaule、costar、biclou、binoclard、miro、sourdingue 等)。还有可能为了翻译一篇原本非常典型的非正式法语文本,却过度密集地使用非正式和不常见的英语词汇:总有那么一个临界点,只要超过这一点,目标语文本就会变得明显不合常规。另一个风险是译者的语言储备中可能相对缺乏可用的表达,结果使用的非正式表达往往带有地域标记,这样的译文可能并不理想。

本次研究使用的文本材料必然有其局限性,但是通过这样的对比分析不难发现,相较于英语,法语不同语体间语法的较大差异显而易见。可以看出这些对应关系存在一种模式,其中,无标记的英语结构确实与有标记的法语结构(正式和非正式)存在联系,这一点颇为有趣,有助于理解译者所应具备的子能力的本质。从英语译入法语时,尽管译者必须考虑所有选项并做出正确选择,同时还要增加有标记的结构数量以维持整体基调,但这项任务还是相当简洁明了。从法语译入英语时,就要慎重考虑,需要采取补偿策略,不过这样的策略也并非总能唾手可得。

在开始真实翻译工作前的准备阶段,需要通过一些练习培养相应的翻译能力。首先是每种语言的单语练习,让学生识别不同语体的标志,清楚区分语法和词汇成分；练习增减文本中有标记结构的数量，让学生更清楚自己的现有资源和局限性；把文本从一个语体译入另一个语体（比如将有标记的语体进行中性处理等）。然后再进行对比练习，让学生识别不同语体的词汇和形态句法是如何转换的；评估对照译文（辨别成功或失败的翻译/补偿，可接受或不可接受的意义缺损）；更正误译，并尝试提出可能的翻译策略。

附　　录

供分析的原文和译文

原文：J. D. 塞林格的《麦田里的守望者》节选（企鹅现代经典，1951 年第 132 - 133 页）

At the end of the first act we went out with all the other jerks for a cigarette. What a deal that was. You never saw so many phonies in all your life, everybody smoking their ears off and talking about the play so that everybody could hear and know how sharp they were. Some dopey movie actor was standing near us, having a cigarette. I don't know his name, but he always plays the part of a guy in a war movie that gets yellow before it's time to go over the top. He was with some gorgeous blonde, and the two of them were trying to be very blasé and all, like as if he didn't even know people were looking at him. Modest as hell. I got a big bang out of it. Old Sally didn't talk much, except to rave about the hunts, because she was busy rubbering and being charming. Then, all of a sudden, she saw some jerk she knew on the other side of the lobby. Some guy in one of those very dark grey flannel suits and one of those checkered vests. Strictly Ivy League. Big deal. He was standing next to the wall, smoking himself to death and looking bored as hell. Old Sally kept saying, ' I know that boy from somewhere.' _ She always knew somebody, any place you took her, or thought she did. She kept saying that t ll I got bored as hell, and I said to her, "why don't you go on over and give him a big soul kiss if you know him. He'll enjoy it". She got sore when I said that. Finally, though, the jerk noticed her and came over and said hello. You should've seen the way they said hello. You'd have thought they hadn't seen each other in twenty years. You'd have thought they'd taken baths in the same bathtub or something when they were little kids. Old buddyroos. It was nauseating. The funny part was, they probably met each other just once, at some phoney party. Finally, when they were all done slobbering around, old Sally introduced us. His name was George something — I don't even remember — and he went to Andover. Big, big deal. You should've seen him when old Sally asked him how he liked the play. He was the kind of phoney that have to give themselves room when they answer somebody's question. He stepped back and stepped right on the lady's foot behind him. He probably broke every toe in her body. He said the play itself was no masterpiece, but that the Lunts, of course, were absolute angels. Angels. For Chrissake. Angels. That killed me.

译文:《麦田里的守望者》,让-巴普蒂斯特 · 罗西(Jean-Baptiste Rossi)译,袖珍版,1953 年,第 169 - 171 页。

A la findupremieracte, nous sortîmes avec tous les autres cornichons pour fumer une cigarette. Quelle foule ily avait. Vous n'avezjamais vu autant d'imbéciles de votre vie. Ils fumaient tous comme des sapeurs etparlaient de la pièce de manière à ce quetoutle monde pût les entendre et savoir combien ils étaient pertinents. Je ne sais quelstupideacteur de cinéma se tenaitprès de nous, fumant une cigarette. Je ne merappelle pas son nom, mais il joue toujours lerôle d'un type, dans lesfilmsde guerre, qui a la trouillejusqu'à ceque ce soit sontour d'atteindre la gloire. Il était avec une magnifique blonde, et tous les deux s'efforçaient de paraître très blasés7 et tout, comme s'ils ne remarquaient même pas que les gens les regardaient. D'une modestie infernale. Ça m'emballa. VieilleSally neparlait pas beaucoup sauf pour dire qu'elle raffolait des Lunts, car elle était occupée àbaderet àfaire du charme. Puis, tout à coup, elle aperçut quelque cornichon qu'elle connaissait, de l'autre côté du hall. Un type dans un de ces pantalons deflanelle grise très sombre et un de ces vestons à carreaux. StrictementIvyLeague. Grosse affaire. Ilfumait appuyé contre le mur, et semblait s'ennuyer à mourir. VieilleSally necessait de répéter: "J'ai vu ce garçon quelque part." Elle connaissait toujours quelqu'un où que vous l'ameniez, ou elle se l'imaginait. Elle me répéta çajusqu'à ce que ça me tape sur le système et que je lui dise: "Mais va l'embrasser de tout coeur, si tu le connais. Il aimera beaucoup ça." Ça la rendit furieuse. Le cornichon finit pourtant par la remarquer. Il s'approcha et dit bonjour. Il aurait fallu que vous voyiez la manière dont ils se disaient bonjour. Vous auriez pensé qu'ils se s'étaient pas vus depuis vingt ans. Vous auriez pensé qu'ils avaient pris leurs bains dans la même baignoire ou je ne sais quoi, quand il étaient tout gosses. Vieux p'tits potes. C'était nauséabond. Le plus drôle, c'est qu'ils ne s'étaient probablement rencontrés qu'une seule fois, à quelquestupide partouze. Finalement quand ils eurent bavé tout leur saoul, VieilleSallynous présenta. Son nom était George quelque chose -je ne me rappelle même pas-et il allait à Andover. Grosse，grosse affaire. Il aurait fallu que vous le voyiez quand VieilleSally luidemanda s'il avait aimé la pièce. Il était du genre de cruche qui ont besoin de se donner de l'espace pour répondre à la question de quelqu'un. Il fit un pas en arrière et marcha en plein sur le pied d'une dame qui était derrière lui. Il lui brisa probablement tout ses orteils. Il dit que lapièce elle-même n'était pas une pièce maîtresse，mais que les Lunts，bien entendu，étaient des anges，absolument. Des anges. Bonté divine. Ça me tua.

注　　释

1. 欲了解法国针对语法和拼写规范颁布的政府命令,请参见贾奇和希利(Judge and Healey)(1985：466‒475)。

2. 有关非正式法语的语法特征可参见 Gadet 1989,1992。

3. 原文与译文见附录。

4. 鉴于此处的讨论重点,多处误译本文已忽略。

5. "They were all done ＋ -ing"这一结构是一些英国母语者感到不确定的唯一一处。但整体而言,大家认为它可能出现在英式英语中。I haven't done telling you what I think of you 在《柯林斯-罗伯特词典》中显示为口语语体。

6. 当然还有其他不包括 on 或 tu 的译文(à croire que .../comme si..)。

7. 吉罗(Guiraud)(1973：20‒22)提供的译例表明,不同分组的动词形式间的文体差异十分显著,因此下述第三组动词比同义的第一组动词更为正式：*ceindre ＞ entourer*、*choir ＞ tomber*、*clore ＞ fermer*、*croître ＞ pousser*、*fuir ＞ se sauver*、*haïr ＞ détester*、*luire ＞*

briller、*paître* > *brouter*、*quérir* > *chercher*、*vêtir* > *habiller*。

8. 下文中"补偿"(compensation)一词的定义来自哈维(Harvey)关于此概念的一篇有趣的文章:《针对目标语语言和/或目标语文本采取特定方法,在目标语文本中重构出相似效果,从而弥补原语文本的语义缺失的一种技巧》(Harvey 1995：66)。

参 考 文 献

Ballard，M. 1987. *La traduction: De l'Anglais au Français*. Paris：Nathan.

Chuquet，H. and Paillard，M. 1987. *Approche Linguistique des Problèmes de Traduction Anglais Français*. Paris：Ophrys.

Delisle，J. 1993. *La traduction raisonnée: Manuel d'initiation à la traduction professionnelle anglais-français*. Ottawa：Presses de l'Université d'Ottawa.

Gadet，F. 1989. *Le français ordinaire*. Paris：Armand Colin.

Gadet，F. 1992. *Le français populaire: Que sais-je* (n° 1172). Paris：Presses Universitaires de France.

Guillemin-Flescher，J. 1981. *Syntaxe comparée du français et de l'anglais: Problèmes de traduction*. Paris：Gap，Ophrys.

Guiraud，P. 1973. *Le français populaire: Que sais-je?* (n° 1172). Paris：Presses Universitaires de France.

Harvey，K. 1995. "A Descriptive Framework for Compensation". *The Translator* 1：65 – 86.

Hervey，S. and Higgins，I. 1992. *Thinking Translation: A Course in Translation Method: French to English*. London/New York：Routledge.

Judge，A. and Healey，F. G. 1983. *A Reference Grammar of Modern French*. London：Edward Arnold.

Laruelle，P. 1989. *La Version Anglaise*. Paris：Edition Marketing.

Legouadec，D. 1974. *Comprendre et Traduire*. Paris：Bordas.

Lodge，A. 1993. *French，from Dialect to Standard*. London：Routlege & Kegan Paul.

Rafroidi，P. 1973. *Manuel de l'angliciste* (*tome 1*): *Les grandes normes et les principales difficultés de la langue écrite*. Paris：OCDL.

Sanders，C. (ed.) 1993a. *French Today: Language in its Social Context*. Cambridge：Cambridge University Press.

Sanders，C. 1993b. "Sociosituational variation". In C. Sanders (ed.)，*French Today: Language in its Social Context*. Cambridge：Cambridge University Press，27 – 53.

Vinay，J. P. and Darbelnet，J. 1960. *Stylistique comparée du français et de l'anglais: Méthode de traduction*. Paris：Didier.

视角拓展：自由译者如何定义翻译能力

珍妮特·弗雷泽

伦敦威斯敏斯特大学

引　言

过去几年，英国大学的研究生翻译培训课程如雨后春笋般涌现，本科翻译教学也更加注重以职业为导向。与此同时，"翻译学"作为一门学科，发展出了更具实证性的研究方向，以应对翻译学者愈发高涨的呼声，即理论应当基于洛舍尔（Lörscher）所说的"实际产生的数据"（1992：426）。威尔斯（Wilss）（1996：2,6,194）在其最新著作中写道：

> 我们从奈达的研究中得到一个特别的启示，那就是，对翻译的有效关注并不在于用冠冕堂皇之言泛泛而谈，而是应当明确、具体而直接。……在高校中关注实证翻译研究意味着什么？基于学术研究的翻译培训有何实际价值？……我们需要强调的是应该教授什么，即以课堂教学为主要形式，教授真实的、以职业为导向的翻译。

这反映出大学课堂上教授的翻译与**现实世界**中的翻译之间始终存在区别,即便这种区别已日渐模糊。例如,拉德米拉尔(Ladmiral)(1979:40-41)认为:

> 译出和译入母语是一种特殊类型的翻译,即用于教学练习的翻译⋯⋯这种翻译应当与**严格意义上的翻译**有所区分(强调为原文所加)。

基拉伊(Kiraly)(1990:6)则将职业翻译与教学翻译进行了对比。

学者向职业人士学习

更注重实证的研究路径和更具有实践导向的教学大纲,这两个问题近来结合在了一起,形成**翻译过程分析**(Fraser 1996a)研究。研究者使用**有声思维法**,或使译者在进行一项翻译任务的同时做出解释,旨在揭示译者在翻译过程中做了什么,使用了什么策略,以及注意了哪些问题。早期研究几乎全部局限于学生译员(语言学习者或参加职业培训课程的学生),但最近也出现了在从业译员身上使用有声思维法的研究。此类研究的反响不一,但内省仍是唯一一种大规模用于探索翻译过程的方法。

笔者在这一领域的研究(Fraser 1993,1994)集中在职业实践的多个方面。笔者认为,职业实践可以有益地纳入大学对翻译能力的界定和培养,例如:翻译决策中翻译纲要(包括目标语读者对原语文化的现有知识及其需求和期望)的识别和意义、字典和其他参考书的使用方式,以及职业译员如何培养自信和成功的**译者人格**等。

然而,参与笔者两项有声思维法研究的 33 名职业译员也提出了一些其他问题，涉及圆满完成翻译任务所需的信息和资源，以及有时想从客户、翻译机构或公司获取这些信息时遇到的困难。这促使笔者开展了一项规模更大、分为两阶段的后续调查，通过问卷来了解客户或翻译机构/公司与自由译员之间的信息流动情况。笔者在之前的研究中发现，译员获得的翻译纲要对于译员工作时决定选择何种风格、语域、增译方法和术语相当重要，在此次调查中（Fraser 1997,1999）笔者继续关注这一问题以及诸如术语、文件支持和给予译者的系统性反馈等问题。

调查样本包括 296 名隶属于英国口笔译协会（ITI）的职业译员（在联系的 650 名译员中，回复率为 46%），占该组织会员总数的 20% 多一点。另外，还从覆盖全英国的商业目录中确定了 84 家英国翻译机构或公司，它们也完成了一份类似的调查问卷，在 150 份问卷中，回复率为 56%。本文主体部分指出的问题，代表了职业译员所认为的高效、自信、高质量完成翻译最主要的需求。然而，职业译员要做好翻译所需要的这些信息和支持，大多数对我们的学生来说同样重要，也应该给翻译教师在设计翻译课程时提供思考启发。因此，我将**"翻译能力"**一词作为简称，指代职业译员从理论培训和实践经验中培养出来的技能、专业知识和判断力，因而要引导学生将这些能力作为成功的工作策略或方法。第一个方法就是**翻译纲要**（brief）。

翻 译 纲 要

所谓"纲要"，这里指的是关于翻译的读者群体、目的和翻译状态的详细信息（即仅供参考还是出版发行、作为工作文件还是作为与其他语言版本具有同等地位的法律文本等）。在笔者的有声思维法研究中，大多数译员都提到了翻译纲要（有时在文献中也称为翻译"任务"）的作用及其在风格、语域、处理文化概念、增译和类似问题的决策中的重要性。纲要这一概念是高效翻译的基本要件，因而在翻译过程研究中可能显得有些微不足道，但笔者从这些有声思维法研究中发现，一方面译者依赖它，将其作为决策框架中的一个重要元素，另一方面他们也会抱怨，客户或翻译机构/公司并不总能提供此类信息。

问卷调查中对这一问题的回答情况似乎印证了他们的抱怨。在问及客户或机构/公司是否提供诸如翻译的读者群体、目的和翻译状态等信息（如仅供参考还是出版发行等）时，只有12%的人表示"理所当然地"得到了读者群体信息，21%的译者"理所当然地"得知了翻译目的，但只有14%的译者"理所当然地"获知了翻译状态信息。

笔者还提供了一个"从未要求"此类信息的选项，如果译员有此类情况则打勾。这一选项的回复率分别为8%、3%和7%。将这些回答与译员对主要雇主总体满意度的回答放在一起对比，结果非常有趣。不出所料，那些总能直接获得这些信息或者在提出要求后就能获得的译员，是最有可能选择"非常满意"的人群。然而，最不满意的译员往往都是那些在"从未要求"此类信息或其他支持的选项框里打钩的译员。有声思维法的思考内容和调查结果都清楚表明，详细的翻译纲要让译员对他们的表现有更好的自我感觉，但并不是所有译员都能获得这些信息，更有趣的是，并非所有译员都会索要这些信息。当翻译机构/公司被问及与自由译员同样的问题时，即是否向译员提供读者群体、目的和翻译状态等详细信息，回答表明分别有19%、10%和10%的译员没有索要这些信息。

背后的原因可能很充分：例如，对于某些文本类型，翻译目的和读者群体可能显而易见，而一些译员几乎只为少数客户工作，他们已经掌握这类信息。然而在其他情况下，这违反了职业常识，只能解释为，译者已经确定，或是怀疑甚至心怀偏见地认为即使他们提出要求，客户或机构/公司也不会提供此类信息。毋庸置疑，经常得到此类信息的译员，无论是默认提供还是应要求提供，满意度都比没有收到此类信息的译员高得多。

一名译员表示，在她索要此类信息时，客户往往会愤怒地说："你就不能直接翻译吗？"

笔者相信并经常谈及，学生们也能从翻译纲要中受益：有了翻译纲要，他们能对文本类型和目标语示例文本中的典型结构和典型词汇进行译前准备，翻译纲要也为他们的翻译提供了一个评估框架（后文会再次论及）。这一观点得到了越来越多的支持，但在翻译课上，翻译纲要还远没有得到系统性教学。然而，正如克莱因-布雷利（Klein-Braley）（1996：24-25）所说：

> 我们所翻译的材料应该能够构建出特定的场景：即为特定客户所需、用于特定用途、面向特定受众的文本。

耶斯凯莱伊宁（Jääskeläinen）（1994）也认为：

> 未来的译者需要建立一套标准，用于决定何时忠实翻译，何时改写原文（当然这一决定取决于委托人所给出的说明）。

她补充道，根据她的经验，让初学者首先学习**意译**似乎可以帮助他们学会摆脱原文的束缚，更多关注她所说的"任务描述"。诺德（Nord）（1995：288）也同意这一观点：

> 我发现，一旦学生们真正领悟他们必须使用平行文本作为范例，**为特定受众产出文本，并服务于特定目的**，他们的语言错误就会比单纯将原语文本中的单词和语法结构译入另一个语言系统时要少（强调为原文所加）。

弗米尔（Vermeer）（1989：186）将 **skopos**（他称之为翻译的目的）描

述为:

> (应)扩大翻译的可能性,增加可能的翻译策略范围,使译者不再拘泥于强制的,因而往往毫无意义的字面意思……纳入并扩大翻译的责任,翻译的完成必须符合既定目标。

因此,无论是理论还是实证,都支持翻译纲要的概念,即让从业译员和学生译员都充分了解翻译的读者群体、使用目的和翻译状态,以实现多重目标,包括提升产出质量、满足客户需求,对于学生或学习者而言,他们还能更容易掌握对他们而言普遍困难的技能。在后一种情况下,教师必须站在客户的角度,给学生提供翻译纲要的信息,并指导学生学习如何理解这些要求、如何选择和使用恰当的材料。更重要的是,界定翻译能力时,他们还必须鼓励学生提问,独立思考需要什么样的纲要和背景信息才能产出满意的译文,并在索要并期望接受纲要信息时言辞果敢。这与下文将要论述的**翻译资源**问题密切相关。

翻 译 资 源

当然,要**胜任**翻译工作,职业译员不仅要知道他们为谁翻译、用于何种用途;还需要多种其他资源,其中一些主要由译员自己掌握,主要是词典、词汇表和其他参考书,但许多资源则由客户或翻译机构/公司控制。在笔者的有声思维法研究和问卷调查中,许多译员抱怨说,客户或机构/公司并不乐意提供这些资源。高恩(Gawn)(1985:109)将此类信息描述为"客户控制的资源":

参考资料、掌握资源的人员、亲自接触待译文件中讨论的内容、了解目标语主题或与写作专家沟通、与已知或可能的翻译用户讨论等等。这些因素的重要性显而易见，无须赘述，却往往受到忽视。

填写调查问卷的自由译者都支持这种看法，他们反映，这种情况不仅导致工作很难做好，索要这种支持还往往被看作专业性不足的表现，而正如一位调查对象所说，"实际情况恰恰相反"。例如，14%的译员在回答是否有术语支持的问题时说，这种支持"即使有的话，也很少"，同样比例的译员表示，与工作有关的背景文件"即使有的话，也很少"；只有5%的人会"理所当然地"得到术语支持或背景文件。

如果从业人员需要这些资源，那么学生就更需要，如果老师不提供，谁还能提供这些所需的资源呢？笔者认为，我们对自己的角色定位需要与传统意义上的教师角色略有不同：不仅仅是教师，也是一种资源，帮助学生确定他们需要提出的问题，以便产出**合格**的翻译。例如，有多少人想当然地认为学生知道如何正确使用普通双语词典，更不用说专业词典了？我们有没有引导他们使用单语词典，而不要用双语词典或目标语同义词词典？众所周知，单靠字典并不能解决所有术语问题，那么我们是否曾建议学生编制专业术语表、给他们提供包含专业术语的材料并教他们如何使用这些材料来提取术语，并鼓励他们与学科专家或相关组织联系？还有，我们是否——至少在初期阶段，在学生变得更加自信之前——系统地提供目标语示例文本和/或类似文本类型的现有译本，同时指导他们使用这些文本进行风格语域匹配和术语参照？所有这些都是高度胜任的职业译员所使用的方法，都需要成为我们界定和培养翻译能力的重要部分。

这些对翻译评估也有所启示。克莱因-布雷利（Klein-Braley）（1996：27)曾提出将这种方法扩展到考试之中：

我曾建议放任学生在图书馆待一天[……]让他们使用图书馆的所有设施。我认为翻译考试也完全可以采取回家完成的方式[……]打电话给作者、自己的朋友、可能了解情况的人，这些都是真实的翻译工作稀松平常的一部分。因此，通常意义上的"作弊"在这里并不成为问题。

笔者认为，通过向学生介绍对他们有用的资源，我们可以帮助他们确定自己的能力和最有效的工作方式，对自己的产出更有信心，在未来成为这个行业的有用之才，并帮助改善翻译行业的公众形象。这样的方法也让我们能够给予学生更有意义的反馈，让学生更好地评估自己的表现，这一点将在下文论述。

反 馈 与 评 估

许多自由译者提及的另一个问题是缺乏来自客户，特别是翻译机构/公司的反馈。赫尼希（Hönig）（1998：15）清楚地解释了为什么他所说的**翻译质量评估**对所有人都至关重要：

> 用户需要它，因为他们想知道是否可以信任译者和他们的翻译质量。职业译员需要它，因为如今有较多收费低廉的业余译者，职业译员只有证明自己工作质量上乘，才能推销自己的翻译。

然而，在受访对象中，只有 17% 的译员说他们会"自动"收到反馈，60%"应要求"收到了反馈，21%"从未或几乎从未"收到反馈（2%的译员表示"不想得到"反馈）。一些译员表示，反馈是重要的质量工具，使他们能够在提交译文前更好地评估未来的工作，从而提升客户满意度。然而，就算有反馈，绝大多数也都是负面的，且很少提及客户满意度。更糟糕的是，尽管反馈是衡量他们在某项工作中能力的重要指标，译员们却往往感到无法索要反馈。一位译员说，"很少有人知道反馈的必要性，如果你要求反馈，可能会被认为是一种心存疑虑的迹象"。

此外，虽然译员自身非常重视反馈，翻译机构/公司似乎并不这么认为。被调查的机构/公司中，不到一半（44%）表示他们"总是"将质量控制程序中的反馈信息发给译员；44%"有时"会这样做，3%"只有在译员要求时"会提供，2%"从不"提供（7%未回答该问题）。

当然，反馈对学生来说也是至关重要的，正如赫尼希（Hönig）（1998：15）所说，"否则他们就不知道如何系统地提升翻译质量"。从表面上看，作为翻译教师，我们可能觉得在这方面无须帮助，因为对许多教师来说，红笔就是手的延伸。然而，教师反馈的真实性质是什么？像上文提到的机构/公司一样，我们常常只关注到这样或那样的错误，给译文打上一个量化的分数，而不明确提供评估所依据的基础和框架，包括翻译纲要和翻译资源的使用情况。换言之，我们是否是按照特定翻译任务定义"能力"，学生是否知道老师对他们的期望，或者他们是否像调查中的一些自由译者，希望得到建设性的反馈，具体指导他们如何提升自己的能力？

塞圭诺（Séguinot）（1991：86）强调了反馈对于帮助学生进步的重要性：

> 大多数学生进步的方式似乎是将课堂所学内容应用到译文修改策略之中。事实上，大多数学生似乎是通过修改译文的过程来吸收翻译课上所讲授的内容的。

不过，我想进一步强调：我们的目标不仅是让学生更有效地修改自己的作品，而是最终要让他们关注到需要培养的能力，从而**首先保证**以恰当的方式进行翻译。要培养这样的能力，他们就需要一个明确的评估框架，并在这个框架内进行工作。框架的一部分是确定翻译纲要，它为对照评估目标语和原语文本设定了参数。洛舍尔（Lörscher）（1993）指出，在他的有声思维法研究中，职业译者会检查译文的文体和文本类型是否合适，而语言学习者往往只检查他们如何解决了他们所认为的问题，通常是原文中的词汇或句法问题。因此，他们的译文常常是"不充分、不可接受的"（Lörscher 1993：210），不符合目标语文本的标准。然而，正如赫尼希（Hönig）（1998：25）所说，"他们（学生译员）需要一种基于功能翻译理论的特定翻译策略"。他对教师提出了明确建议：

（1）首先解释评估标准，在此之前不要进行任何正式评估。

（2）根据现有评估情况制定评估标准[……]。

（3）选取的文本应当符合此情境并/或应当是已翻译过的文本。

（4）讨论评估情境时，关注其对可行的普遍翻译理论的影响。（Hönig 1998：32）

这意味着教师需要明确自己的标准。众所周知，设计一个可行的翻译评分机制非常困难，而且这样的评估往往是围绕翻译错误展开的。但如果我们清晰界定对最终译文的要求，就应该更容易明确评分标准。此外，通过鼓励学生在翻译任务中实现一系列明确而现实的目标，他们就更容易评估自己的工作，教师也更易于提供有意义、有建设性的反馈。正如赫尼希（Hönig）（1993：89）指出：

自信是有效成功的翻译表现的基础。职业译者可以通过其

工作的成功培养自信,而准职业译者没有这种支持来源。(原文
英文译自德文——译者注)

结 论

如前所述,通过收集职业译员的实证数据,笔者认为,界定翻译能力
的关键在于为接手的翻译任务提供详细的纲要和资源,并辅以反馈,包括
对于已完成译文是否实现其目的或满足读者需求的评估。笔者相信,这
可以让学生对翻译采取全局的视角,而不是将其视作与交际课程中其他
语言学习课程截然不同的任务:鼓励他们把译入母语的翻译看作一系列
交际技能中的一种;让他们意识到,翻译最终关乎交际,尽管是一种非常
独特的交际;这方面的能力也有助于二语的掌握和培养更广泛的交际和
迁移技能。笔者在论及二语译入母语的翻译时(Fraser 1996b:122)曾
指出:

> (翻译)显然能够让学生充实他们二语词汇和结构的被动知
> 识,并使它们成为学生在二语学习中主动掌握的知识。其次,它
> 不仅让学生看到这些词汇和结构在特定的情境、语域和语境中
> 的使用方法,而且在母语中寻找对应表达时,也能够思考两种语
> 言实现相同交际目的的不同方式。最后,对母语的驾轻就熟也
> 是一种重要的可迁移技能。

总之,对翻译能力的界定可能是培养更广泛能力的缩影,对于即
将进入当今竞争激烈、要求严苛的就业市场的学生而言,这些能力至
关重要。

参 考 文 献

Fraser, J. 1993. "Public accounts: using verbal protocols to investigate community translation". *Applied Linguistics* 14: 325 – 343.

Fraser, J. 1994. "Translating practice into theory: A practical study of quality in translator training". In C. Picken (ed.), *ITI Conference 7: Proceedings*. London: Institute of Translation and Interpreting, 130 – 141.

Fraser, J. 1996a. "The translator investigated: Learning from translation process analysis". *The Translator 2*: 65 – 79.

Fraser, J. 1996b. " 'I understand the French, but I don't know how to put it into English': Developing undergraduates' awareness of and confidence in the translation process". In P. Sewell and I. Higgins (eds.), *Teaching Translation in Universities*. London: AFLS/CILT, 121 – 134.

Fraser, J. 1997. "Briefing? What briefing? Findings of a survey on the flow of information between clients, translation agencies or companies and freelance translators". *ITI Bulletin* (June): 13 – 16.

Fraser, J. 1999. "Can't you just translate? Findings of a survey of freelance translators living outside the UK". *ITI Bulletin* (June): 12 – 15.

Gawn, P. 1985. "Authenticity and quality of translation". *Bulletin of the Canadian Association of Applied Linguistics* 7(2): 103 – 111.

Hönig, H. 1993. "Vom Selbstbewußtsein des Übersetzers". In J. Holz-Mänttäri and C. Nord (eds.), *Traducere Navem: Festschrift für Katharina Reiß zum 70 Geburtstag*. (Studia Translatologica 3). Tampere: Tampere University Press. 77 – 90.

Hönig, H. 1998. "Positions, power and practice: Functionalist approaches and translation quality assessment". In C. Schäffner (ed.), *Translation and Quality*. Clevedon: Multilingual Matters, 6 – 34.

Jääskeläinen, R. 1994. Rigidity or flexibility: approaches to teaching translation. Paper read at 1st International Congress of Translation and Interpreting, Las Palmas: February 1994.

Kiraly, D. 1990. *Towards a Systematic Approach to Translation Skills Instruction*. Ann Arbor: UMI.

Klein-Braley, C. 1996. "Teaching translation, a brief for the future". In P. Sewell and I. Higgins (eds.), *Teaching Translation in Universities*. London: AFLS/CILT, 15 – 30.

Ladmiral, J.-R. 1979. *Traduire: Théorèmes Pour la Traduction*. Paris: Payot.

Lörscher, W. 1992. "Investigating the translation process". *Meta* 37(3): 426 – 439.

Lörscher, W. 1993. "Translation process analysis". In Y. Gambier and J. Tommola (eds.), *Translation and Knowledge: Proceedings of the 1992 Scandinavian Symposium on Translation Theory*. Turku: Centre for Translation and Interpreting, 195 – 221.

Nord, C. 1995. "Teaching translation without languages? Some considerations on the structural aspects of translator training". In A. Neubert, G. Shreve and K. Gommlich (eds.), *Basic Issues in Translation Studies*. Kent: Kent State University Press, 283 – 291.

Séguinot, C. 1991. "A study of student translation strategies". In S. Tirkkonen-Condit（ed.）, *Empirical Research in Translation and Intercultural Studies*. Tübingen: Narr, 79 – 88.

Vermeer, H. 1989. "Skopos and commission in translational action". In A. Chesterman（ed.）, *Readings in Translation Theory*. Helsinki: Oy Finn Lectura, 173 – 200.

Wilss, W. 1996. *Knowledge and Skills in Translator Behaviour*. Amsterdam/Philadelphia: Benjamins.

学界与业界之间：欧洲视角下的译员培训

古尼拉·安德曼　玛格丽特·罗杰斯
萨里大学

引　言

过去几十年间，新技术的出现极大改变了职业译员的工作环境，我们不能再孤立定义翻译能力，而是必须结合快速发展的信息社会的要求对其进行界定。那么，学术机构如何应对随之而来的挑战？他们采取了什么措施来为这个不断进取的新世界培养未来的译员？

在西欧，译员的初始培训主要由大学和其他高等教育机构开展，这些机构大多是公立的，也有一部分为私立。培训内容中重要的一项就是提升译员的语言能力，特别是提高文化和翻译能力。培训模式主要有两种：四年制或五年制的学士学位和一年制的硕士学位。前者是欧洲大陆的典型模式，后者是英国模式（但不尽然）。译员也有其他**临时**培训的机会，如通过公司（即机构内部）和职业组织接受培训。在欧洲某些地方，如挪威和瑞典，候选人可以通过参加考试成为**注册译员**，无须持有翻译专业毕业证书。其实翻译培训并不广泛存在，但在许多欧洲国家，大学仍然肩负基础培训的主要责任，有时还须提供继续教育。因此,目前个体译员主要通过这些机构颁发的资格证书来接受认证,尽管认证这一概念本身亦尚无明确定义。例如,英国尚无官方的认证机构,英国皇家特许语言家学会(IOL)通过颁发翻译证书发挥审核作用,口笔译协会(ITI)则经常充当非官方顾问的角色。这就意味着,对于西欧国家新手译员出现的能力问题,设计和实施课程的大学和学界人士仍然难辞其咎。

在很多方面,译员培训都被夹在学界和业界之间左右为难。在一些欧洲国家,这种矛盾性反映在翻译被赋予的地位上。例如,20世纪80年代,芬兰翻译研究学院并入大学,此举被视作提升了翻译作为一项职业活动的学术研究地位。在德国,目前则似乎出现了反其道而行之的情况,比如在萨尔州,人们试图将翻译研究移出大学体系。本文旨在论述翻译作为一种职业活动,可以而且应该在大学中进行研究,尤其是未来译员将在一个由律师、会计师、教师和其他经认证和认可的专业人士组成的环境中工作,保证他们的职业地位尤为必要。

译员培训与业界需求的匹配

口笔译员的培训在多大程度上满足了职业需求,这是德国联邦口笔译协会(BDÜ)早期组织的两次专题研讨会的焦点。第一次研讨会于1970年在威斯巴登举行,第二次于1983年在科隆举行。为了解决大学课程的培养重点与市场对译员不断变化的要求之间存在的差异所造成的问题,科隆研讨会决定成立一个协调委员会,由参与译员培训的学者代表和职业译员组成。该委员会的任务是提供一个论坛,对口笔译培训课程开展持续讨论,旨在对现有课程进行修改和完善,让受训译员更好地适应学界之外的世界。约翰·格拉汉姆(John Graham)从一开始就是委员会的活跃成员,他是一位居住在德国的职业译员,长期致力于提升翻译职业在人们心目中的地位。他的看法可以简单归纳为:拥有语言学学位的人并不一定能成为职业译员。

1986 年 9 月 4 日,协调委员会以《备忘录》的形式向口笔译协会主席提交了一份文件,其中包括构建以职业为导向的口笔译教学课程内容的若干建议。该倡议现已被纳入 POSI 泛欧洲框架(全称为 PraxisOrientierte StudienInhalte für die Ausbildung von Übersetzern und Dolmetschern),意思是"以实践为导向的口笔译员培训课程",以德文命名旨在提醒人们该项目源自德国。

POSI 与欧洲

1996 年 10 月 5 日,官方确认 POSI 泛欧洲框架已牢牢扎根于欧洲。1996 年 10 月 5 日在科灵举行的会议上,国际翻译工作者联合会(FIT,简称国际译联)的欧洲区域中心(RCE)建议对 POSI 项目给予积极支持,把以实践为导向的口笔译译员培训视作共同目标。欧洲翻译平台秘书杰弗里·金斯科特(Geoffrey Kingscott)也对该提案的传播提供了帮助。在本项目中,欧洲被定义为欧盟国家和欧洲自由贸易区,加上中欧国家、波罗的海国家以及巴尔干地区已申请加入欧盟的国家。考虑到仅申请加入欧盟的文件就会产生大量的翻译需求,纳入欧盟申请国很有必要。

首次 POSI 会议于 1996 年 11 月 29 至 30 日在萨尔布吕肯举行,由萨尔大学的应用语言学和翻译系主办,海德龙·格尔齐米施-阿博加斯特(Heidrun Gerzymisch-Arbogast)教授主持。此次会议很快凸显出雇主/职业人员与培训者之间的观点仍难以协调的问题,特别是关于市场最迫切的具体要求，准确地说是特定市场领域的要求（例如，关于不同学科领域的专业知识、软件等）方面。大学一方面受制于学生群体的异质性，每位学生未来的职业角色和工作地点各不相同，无法逐一预测，另一方面受制于社会对大学作为人文传统教育者角色的普遍认识。不过，会议的一大进展是决定在欧洲各国成立国家 POSI 委员会，负责向泛欧洲 POSI 会议汇报，首次汇报就是讨论德国联邦口笔译协会《备忘录》中的结论和建议。1997 年 11 月 6 日，POSI 项目研讨会在比利时的蒙斯埃诺大学举办。该会议原计划是分析各国 POSI 委员会提交的报告，但由于有关该项目和需要建立各国 POSI 委员会的消息迟迟未能传达至相关机构和组织，会议内容改为介绍不同欧洲国家 POSI 新成员的情况。在 1998 年 10 月 11 日的会议上，英国 POSI 委员会提出应更加仔细考量欧洲各国翻译培训项目所采取的不同模式，并向欧洲区域中心提出一项建议。1998 年 11 月 21 日，第二次泛欧项目研讨会在伦敦举行，会上对该建议进行了讨论，决定欧洲译员课程应涵盖特定的核心课程，具体的课程细节再由各个国家自行决定，以更好适应自身的特殊需求与具体情况。

1999 年 8 月 6 日至 10 日，在蒙斯举行的第十五届世界翻译大会的附属会议上，来自根特墨卡托大学的约斯特·布伊斯切特（Joost Buysschaert）对 POSI 的建议提出了补充意见。他建议制定一份所有口笔译员培训课程应涵盖的核心科目清单，以及应取得的学习成果。

讨论的重点是使译员培训更好地适应不断变化的市场需求（参见下文图 1）。大家认为需要提升对翻译行业项目管理重要性的认识，以及对诸如字幕和媒体翻译等新翻译类型的认识。会议中，大家表示，应认识到翻译不是一项仅仅通过掌握两种或多种语言知识就能胜任的技能。约翰·格雷厄姆简要概括了许多与会者的感受："语言知识只是胜任翻译的一个先决条件，并不保证某人自动具备翻译资质。"

专业领域知识

德国联邦口笔译协会《备忘录》涉及一系列翻译学界与业界过渡过程中的固有问题,其中的一个重要要求是译员必须掌握相关领域专家传授的主题知识。从某种程度上说,专业学科知识获取的方法构成了不同翻译培训项目之间的重要区别,在英国尤其如此。英国提供了诸多选择,从专门为学生译员设计的综合讲授类课程,到不提供任何学科主题教学的纯文本路径。通常情况下,学生要么接受选择性的、有一定深度的专业领域知识教学,要么接受主题广泛、临时性的知识教学。我们在之前发表的著述中称前者为向心式(centripetal)课程,后者为离心式(centrifugal)课程(Anderman & Rogers 1988)。在前一种情况下,翻译实践被视为数种技能、原则和知识的应用,包括诸如各种领域知识、术语、文本类型、话语结构等等,这是萨里大学采用的模式。

第二种方法,即我们所谓的"离心式方法",则从文本出发。文本的翻译被视为相关技能、原则和知识的窗口。离心式方法的优点是让学生接触到广泛的专业领域。有些人认为这是职业所需(如 Kurz 1988),认为在口译职业中,口译员不能只做通才。学科知识局限在有限的少数专业,可以向学生介绍研究某一专业的原则,还可以提供一个处理其他不相关专业的方法和原则的模板,这种方法也有其坚定的拥护者(如 Plein 1989)。值得注意的是,项目学习时长不同,例如八个学期的本科课程和两个学期的研究生课程,也可能导致选择和重点的不同。在强调专业领域知识的同时,该《备忘录》还强调,"翻译课程必须确保学生获得快速熟悉陌生专业领域的技能,为此,翻译课程必须涉及广泛主题领域"。这样看来,八个学期的课程也许可以融合这两

学界与业界之间:欧洲视角下的译员培训

种方法,但在英国,传统的研究生模式时间较短,可能只能采取其中一种。

除了市场的快速变化和学生群体的异质性,另一个影响英国大学课程选择的重要因素是成本:与提供涵盖不同领域专业翻译的、更宽泛的入门课程相比,提供高度专业化的课程很难有成本效益。因此,如果课程吸引不到足够多的学生,在专门翻译课程中纳入生物科技内容对于一所大学来说就可能有经济风险。相反,更可行的办法就是由拥有专业知识的特定机构提供更通用的培训,例如医学翻译。《备忘录》建议各机构根据当地条件和师资力量,商讨并决定将哪些专业科目纳入课程。然而,这些建议能在多大程度上得到落实,取决于有关国家的政府机构实行中央监管的程度:在一个高度集中的高等教育体系中,这种灵活性可能难以引入。

为填补专业化程度要求越来越高所造成的空白,有人建议将短期专业培训课程的责任交给潜在雇主或职业协会,例如(英国)口笔译协会、英国皇家特许语言家学会和翻译家协会(TA),而学术机构则负责提供更宽泛的专业领域入门教学,作为学生进一步专业化的模板。口笔译协会长期以来一直为执业译员提供专业发展课程,翻译家协会为文学翻译者提供与其工作相关的内容,如以版权和合同为主题的工作坊。在某种程度上,领域专精化似乎与职业组织的职权范围更相符,因为进入职场工作的译员显然更了解其具体要求,学术机构则专门负责向学生教授研究、评估和翻译实践的知识,即可迁移技能。

理 论 需 求

《备忘录》还明确强调,高等教育机构需确保学生具备进一步开展翻

79

译研究的必要工具,因为这些学生可能构成未来翻译教师的储备。因此,翻译理论和术语学课程至关重要。

翻译理论曾因其应作为**描述者**还是**规定者**这一争议性问题而陷入困境,即翻译理论应该记录和分析翻译是什么、译员做什么,还是应提供规范性的准则。《备忘录》认可,对于翻译专业的学生来说,"不同视角"的翻译研究可提供丰富信息,同时也着重强调"必须确保理论在实践中得以应用"。翻译研究比许多其他以语言为基础的学科更具职业特性,因而将理论和实践相结合似乎是其题中之义。然而,理论与实践的结合最好由每个课程的设计者依据不同的项目规划和可用的人力资源做出安排。设计出来的课程很可能将不同理论视角——如功能主义(参见 Nord 1997)和非功能主义观点——与翻译实践相结合,但目前的问题更多在于如何实施、组织、整合以及是否有合格、经验丰富的教师。

《备忘录》还建议将术语理论及其应用作为必修课程。在英国,尽管词汇资源是专业领域译员工作中最重要的工具之一,但在翻译课程中,涉及术语和词汇学的原则和实践的培训仍不多见。事实上,随着知识的专业化和跨学科发展,译员不仅要了解可用的资源(并能对其进行评估),还需要创建自己的资源,这一要求日益紧迫。即使是像英语这样广泛使用、商业出版商更愿投资的语言,往往仍然缺乏足够的术语资源,尤其是用于翻译的术语。因此,译员需要发展自己在获取术语、记录术语、更新术语和检索术语方面的技能,涉及非通用语言时更是如此。

非 通 用 语 言

随着英语日益成为国际交流的语言,人们对欧盟中的非通用语表示担忧。为保护所有成员国公民使用自己的语言表达自我的权利，欧盟委员会根据理事会 1996 年 11 月 21 日的决定，通过了一项旨在 20 世纪末信息社会（多语言信息社会）中促进共同体语言多样性的方案。所推进项目旨在提高企业在与其欧洲商务伙伴和全球市场合作中的跨语言能力，以展示其在商贸活动中克服语言障碍的最佳做法。

这些倡议清楚表明了对保护欧盟非通用语言的关注，并进一步提出关于采取何种措施确保译入译出这些语言的翻译人员的可获得性问题。《备忘录》中的一项建议明确指出，应该为"所有未列入学校科目的语言"组织零基础语言课程。在英国，皇家特许语言家学会组织相关语言考试，帮助维持人们对非通用语的兴趣。另一方面，学术机构在译员培训项目中增加初学者课程，以满足这一要求。主要形式有两种。一是通过"同源语言"教学课程，提供相近语种的教学，例如，在俄英翻译课程中教授波兰语，或在德英课程中教授荷兰语或斯堪的纳维亚语。然而，这样的课程往往强调输入性语言技能，使受训译员在阅读和理解外语方面达到较高水平的同时，牺牲了口语和写作的输出性技能。

另一种方法是引入非熟知语言（与课程所涉的主要外语无关），如坎特伯雷的肯特大学开设的土耳其语，学生无法借助其他可能熟知的语言来学习。在此类课程中，学生能达到的语言熟练程度较低，但语言能力强且感兴趣的语言专业学生/翻译专业学生可以继续自学，在前期入门的基础上逐渐发展出足够的知识，并运用这些知识进行翻译。

还有一个方法是提供译入外语的培训，那些目标语的母语使用者无法满足当地语言翻译需求的国家通常需要这一技能。从芬兰语译成英语就是一个很好的例子。这样的课程可以训练学生译员了解自己的能力范围，知道何时拒绝委托，达到**可靠的**、**可接受的**而非无懈可击的**交流能力**标准，同时遵循由母语者审稿的职业要求（McAlester 1992 及其收录在本书的文章）。

翻译专业中的主要因素及其相互关系

图1[1]试图展示译员培训项目中须考虑的主要因素及其相互关系。

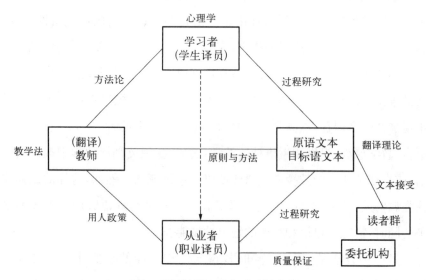

图1：译员培训理论与实践融合观

由于假定原语和目标语的语言能力已具备，如英国的研究生课程，因此上图已经过简化。掌握自己的母语似乎是任何一个译员都应具备的先决条件，但这一点仍须强调。《备忘录》在讨论外语能力之前，建议在译员课程中纳入文本分析、简历/摘要写作等课程，以拓宽和扩展母语技能。倡议的主要参与者包括翻译教师、受训译员/学生译员和职业翻译（根据具体的招聘政策，他们既有可能同时是，也有可能不是翻译教师）。教师与学习者之间的互动问题属于方法论范畴，其特征是教学法与心理学之间的交叉。虽然教学法强调心理学中的发展阶段问题，但从认知的角度看，翻译理论在这方面是中立的。例如，我们可以引用所谓的过程研究

（参见例如，Tirkkonen-Condit 1989；Fraser 1996）作为心理学（更确切地说是心理语言学）和翻译理论的交叉点，将翻译理论延伸到翻译产品之外。翻译理论的社会性或功能性方面可以考虑文本如何接受，结合翻译的委托人和读者/用户（如果这些是不同**行动者**的话）视角进行。可以将质量控制分配给从业者和翻译任务委托人，在培训场景中也很可能包括翻译教师，以实现所有连接。

注　　释

1. 笔者谨在此感谢欧洲区域中心/国际译联，特别是珍妮特·厄斯泰兹（Jeanette Ørsted）、阿纳·李-扬克（Hanne Lee-Jahnke）及约根·克里斯蒂安·尼尔森（Jorgen Christian Nielsen）准许笔者使用这一图表。

参 考 文 献

Anderman, G. and Rogers, M. 1988. "Metamorphosis: How do foreign language students become translators?" In P. Chaffey, A. Rydning and S. Schuit Ulriksen (eds.), *Translation Theory in Scandinavia*. *Proceedings of the Third Scandinavian Symposium on Translation Theory* (*SSOTT III*). Oslo: University of Oslo, 77 - 88.

Fraser, J. 1996. "The translator investigated. Learning from translation process analysis". *The Translator 2*: 65 - 79.

Koordinierungsausschuß "Praxis und Lehre" des Bundesverbandes der Dolmetscher und Übersetzer e. V. (BDÜ) 1986. "Memorandum", *Mitteilungsblatt für Dolmetscher und Übersetzer* 32(5): 1 - 8. (English translation also © Koordinierungsausschuß "Praxis und Lehre" des Bundesverbandes der Dolmetscher und Übersetzer e.V. (BDÜ)).

Kurz, I. 1988. "Conference Interpreters — can they afford not to be generalists?" In D. L. Hammond (ed.), *Languages at Crossroads*. *Proceedings of the 29th annual conference of the American Translators' Association*. Medford, N.J.: Learned Information, 423 - 428.

McAlester, G. 1992. "Teaching translation into a foreign language — status, scope and aims". In

C. Dollerup and A. Loddegaard (eds.), *Teaching Translation and Interpreting: Training, Talent And Experience*. *Papers from the first Language International Conference, Elsinore Denmark, 31 May – 2 June 1991*. Amsterdam/Philadelphia: Benjamins, 291 – 297.

Nord, C. 1997. *Translation as a Purposeful Activity: Functionalist Theories Explained*. Manchester: St. Jerome.

Plein, A. 1989. "Sicheres Übersetzen durch besseres Sachverständnis". *Mitteilungsblatt für Dolmetscher und Übersetzer* 35(4): 3 – 5.

Tirkkonen-Condit, S. 1989. "Professional versus non-professional translation: A think-aloud protocol study". In C. Séguinot (ed.), *The Translation Process*. Toronto: H. G. Publications, 73 – 85.

第二部分

翻译能力的培养

解放性翻译的教学策略

安德鲁·切斯特曼
赫尔辛基大学

专家技能的发展阶段

无论如何,翻译一定是一种技能,且像其他任何技能一样可以习得。译员一旦掌握了这项技能,就成了**专家**。因此,我们需要理解什么是专家技能,如何习得,以及如何教学。

笔者本人关于翻译培训的思考以及在芬兰教授学生译员的实践,都受到了德雷福斯(Dreyfus)兄弟在其著名的《人定胜机》(*Mind over Machine*)(1986)一书中提出的有关专家技能观点的启发,该书对人工智能进行了批判性论述。正如书名所示,这本书反对将人脑及人类专家技能作计算机隐喻式的理解,反对认为计算机有朝一日能模仿人类各方面专家技能的观点。该书旨在证明,人类的专家技能与人工智能所能实现的功能之间存在天壤之别。不过,本文关注的并非这一论述,而是德雷福斯兄弟提出的人类专家技能的观点。

在其专家技能理论中,德雷福斯兄弟提出了从新手到专家的五个发展阶段。第一阶段是初学者阶段。他们认为,任何技能的学习都从学会识别与该技能相关的客观事实与特征开始,接着学习根据这些事实和特征决定行动的规则。这些相关特征经过(教师的)明确定义,似乎是脱离特定情境的(context-free)。这是简单的信息处理阶段(计算机也能达到这个程度!)。以学习驾驶汽车为例:在新手阶段,学习者了解到,例如,刹车会使汽车降速,而油门会使汽车提速;必须在一个特定速度下从一档换到二档,等等。在这一阶段,行为是完全有意识的,也是不连贯的(atomistic):学习者对如何驾驶尚无整体理解,只是在特定的、单独的任务中进行操作。

第二阶段是高阶学习者阶段。随着经验的增长,受训者开始认识到特定情境的其他相关方面,但这些方面尚未得到定义或明确指导。受训者学会感知相似性,学会从学过的实例中举一反三。任务特征变得情景化,不再脱离语境。例如,在这一阶段,驾驶学习者学会了根据发动机的噪音来换挡——具体定义这件事并非易事。这一阶段的行为仍然是有意识的,但不太容易用语言表述,也有了一些连贯性:他们会从速度和发动机噪音联想到换挡。

第三阶段是胜任阶段。随着经验的增长,特定情形的相关特征数量不断增加,受训者要培养出一种主次意识:要从情境特征中做出选择,将其按照轻重缓急顺序排列,并学习哪些特征可以忽略或放弃。这是真正的决策节点,要在各种选项之间做出决定。这意味着我们必须将任务看作一个整体,以决定优先次序,并有能力制定计划、执行计划。因此,一个有胜任力的受训者应对任务目标有自觉的意识,对任务的意识是解决问题而不是处理信息。在驾驶的例子中,赶时间的司机会选择最短路线,甚至可能违反交通规则以达到给定的优先目标,这就是这一阶段特点的体现。因此,胜任阶段也关涉个人责任这一因素:受训者不再仅仅做出反应,而是会分析情况、制定计划并以最佳方式完成任务。由于存在责任因素,这一阶段也有情感因素的参与,而不像前两个阶段那样更多是纯粹的**理性**。

第四阶段是精通阶段。到目前为止,受训者一直在遵守规则、处理信息和做出理性的选择。在精通阶段，个人经验和直觉发挥了更大作用。熟练的行为更为全面，但理性分析的因素仍然存在。直觉和理性交替运行，因此受训者有时处于德雷福斯兄弟所说的"技能世界"（the Word of the Skill）（Dreyfus and Dreyfus 1986：29）之中，有时又超脱其外。想象一个有经验的司机在雨天驶近弯道的情形：他直觉上意识到自己开得太快了，然后迅速做出理性决定：调整方向盘，松开油门，或踩住刹车，或二者结合。

最后一个阶段就是专家技能本身，主要由直觉控制。非反思性介入代替了有意识的理性处理，人车合一。如进行审慎思考，也会是对直觉的批判性反思。直觉是熟练行为的驱动力，其之所以被信任，是因它已经过不断测试与完善。理性的作用就像监控器，可以随意开启；它表现为德雷福斯兄弟所说的"审慎的理性"（deliberative rationality）。在监控之中，专家表现体验为一种**心流**、一种兴奋的感觉，在这种感觉中，行为者沉浸在任务中，全身心投入，尽管头脑中的监控功能仍然像之前一样保持着警惕。（也许行为者正是**因为**心智监控在发挥作用，提供了必要的安全保障，才能如此完全投入）

以上我们看到的是一幅专家技能发展的图景，它是一个逐步自动化的过程，其中，情感参与和直觉都很重要。理性，即超脱的分析性思维一开始占据主导地位，而后逐渐让位于直觉，而理性思维的最终任务是提供一种内部反馈，在问题节点处（problem-points）尤为如此。当然，究竟什么是问题会因人而异，即使从事同一任务的人之间也有很大差异。那些对其他人构成问题的事情对于真正的专家来说只是例行公事而已。顺利进展的范围越广，说明专家技能越强。用德雷福斯兄弟的话说，"行为者在曾经构成问题的情形中，无须分析思考就可以采取恰当行动解决问题的能力，可用于衡量其在该领域的技能水平"（Dreyfus and Dreyfus 1986：156）。因此，拥有专家技能的优秀教师可定义为这样一种专家：他们通常能够在专家技能水准上运用某项技能，但当被问及相关问题时，可以**随意**调用其意识理性，并用语言描述自己的表现，帮助受训者认识并理解。

基 础 概 念

　　我们如何将这一专家技能理论应用于翻译能力的培养呢？专家译员在很大程度上靠直觉工作，就像自动驾驶一样，但在需要的时候，例如解决特别棘手或不寻常的问题，或者向客户阐明解决方案的合理性时，仍可以调用批判性理性。某些文本类型显然比其他类型需要更多有意识的监控：有时译员出于某种原因故意打破通用规范或读者期望，这样的翻译大概需要更多持续监控。直觉或常规因素在此就不那么明显了。

　　但我们应该从哪里开始呢？请注意，可知觉的意识会在两处、以两种不同的方式发挥作用。开始时，特定的规则和概念必须经过有意识的学习；后续阶段，意识作为监控器发挥作用。开始时，意识随时在线；后续阶段，它只是有选择地发挥作用。有意识的理性就像一扇必经之门，但我们无须一直守在门口。

　　如果德雷福斯兄弟言之有理的话，接下来的大致轮廓似乎就一目了然了。首先，要明白无误地对所有与特定情境相关的特征、事实和规则进行教学。（这样启动引擎。这是刹车：踩这里可以把车停下来。要左转的话，就要这样操作……靠右行驶。看到红灯要停车）然后讲授决策技能。接着教学生相信他们的直觉（从而加快工作速度），但又不能完全失去批判能力；要让他们体验**心流**的感觉，同时保持自我监控。

　　翻译就像木匠活，都是技能，都需要工具。有些翻译工具是实物（计算机辅助工具等），有些则是概念性的。本文主要关注概念性工具。翻译培训课程一般会从最基本的概念开始，这些概念对应德雷福斯兄弟所提出的基本事实、情景特征和规则。本文使用皮姆（Pym）（1992a：175）从纯语言学意义上对译员能力的界定，即能够产出多个目标语译文，并在特定任务情形下选择最合适译文的能力(笔者无意低估其他必要能力的重要性)。最基本的概念究竟是什么? 在一定程度上人们对此问题的看法并不一致。笔者从以下列出的概念开始(更多讨论请见 Chesterman 1997: 7ff)。在课堂上,笔者鼓励学生对每个概念进行批判性讨论。当然,每个概念都关涉一众问题,在此不展开讨论。以下每个概念都可被视作思维导图中各种观点网络里的一个关键节点(参考图 1)。

源头-目标	(该隐喻的局限性)
对等	(相同还是相似? 不同类型)
可译性/不可译性	(偏见;外行人的看法)
意译与直译	(可否泛化? 其他参数?)
所有写作均为翻译	(从意义到形式;并不存在原创文本,解构主义?)

图 1: 基础概念

之所以选择这些基本概念,部分原因在于它们在翻译理论中一直占据中心地位。更重要的是,它们在外行人对翻译的理解中根深蒂固;笔者所说的**外行人**也包括一般的翻译客户。在与客户就特定翻译目标和形式进行协商时,专业译员最好能够考虑到客户的**外行人翻译观**。

下文我们逐一论述其他有用的教学概念:一系列角色隐喻、翻译策略,以及翻译规范。这些概念都是**方便**(*portable*)易记,都构成笔者**教学策略**的一部分。希望受训译员在某个阶段都能有所了解。

角 色 隐 喻

对角色隐喻进行简要梳理能让受训译员意识到译员在(西方)不同历史时期所扮演的各种角色,因而颇为有用。这一梳理还能鼓励学生形成自己作为未来译员的自我认知(进一步的论证参见 Mossop 1994)。对翻译史以及人们如何看待翻译的概述,有助于受训译员完成进入未来职业的社会化过程。下表1大致按历史顺序列举了关于翻译的主要角色隐喻（更多讨论参见 Chesterman 1997：第二章）。

表1：角色隐喻

隐喻内容	角 色	背 景
重建	砌砖工	经典希腊式
摹写	抄写员	早期《圣经》翻译
模仿	模仿者	修辞传统,不忠的美人
创造	艺术家	德国浪漫主义及其继承者
转码	译码员	语言学,机器翻译
发送	中间人	聚焦社会语言学,翻译行为
操纵	操控者	多元系统论,意识形态
思考	主体	认知,有声思维报告

以上角色隐喻可与受训译员自己提出的角色进行比较,当然也可提出其他更合适的隐喻。可以看出,历史发展的总体趋势是日益重视译员的地位和自主性。

策　　略

第三类有用的概念是翻译策略。当然,关于策略有许多术语上的分歧,在此就不赘述(例如,策略、方法与步骤的区分)了。策略的种类繁多,分类方式也各不相同。初步的一般性定义是,策略是具有潜在意识的、以目标为导向的解决问题的程序。策略意味着为解决目标和手段之间匹配不足的状态而提出经过检验的、标准的方案类型;当原本信手拈来的手段不足以让译员达到特定目标时，就需要使用策略。译员要么必须调整目标（例如更换另一个可及的目标），要么尝试其他手段。笔者认为，专业译员一般对这些策略了然于胸，常有意识地或不假思索地加以运用，而教师需要将这些策略明确地教给学生，并指导学生有意识地进行练习，这样才能成为他们自动的、理论工具箱的一部分。

有关策略的讨论可以从区分以下几个方面开始：(1) **搜索**策略；(2) **创造性**策略；(3) **文本**策略。搜索策略用于解决具体的理解或输出问题，通常涉及术语：使用互联网，和同事集思广益，打电话请教政府的朋友，查阅平行文本等。创造性策略可以是喝杯咖啡小憩一下，出去走走，把自己交给无意识，暂时搁置问题，尝试用语言表述问题，重新定义问题，**酝酿**，睡觉等。总之，当翻译流程受到阻碍，任何能鼓励或释放创造力的事情都可以尝试（参见Kussmaul 1995）。本文不再深入讨论这两种策略，但值得在课堂上充分讨论。

文本策略是指对翻译单位进行明确的文本操作，也就是一些学者所说的偏移（shifts）或程序（procedures）。文本策略也有很多不同的分类方法。笔者使用的是在卡特福特（Catford）(1965)、维奈和达贝尔内（Vinay and Darbelnet）(1958)以及勒旺-茨瓦特（Leuven-Zwart）(1989/1990)等基础上总结出来的 30 种文本策略。其中 10 种是句法策略（操纵句法结构，如改变词类），10 种是语义策略（操纵意义，如将具体转为抽象），还有10 种是语用策略（操纵信息本身，如增译或省译）。有些策略在特定语言对的翻译中可能是必需的；而在实践中，大多策略都可选择使用，也是鼓励使用的。（详情见 Chesterman 1997：94ff）

将策略运用于教学

如果德雷福斯兄弟的观点正确，那么在专家技能发展的**初学者**阶段，需要对关键概念进行明确介绍。这也是为何笔者要引入基础概念和角色隐喻，此处同理。教师可先明确地逐一讲授文本策略，辅以译文及其原文，分析每一种策略的具体例句（**策略示范**）。这一步是初步理解练习。下一步是案例征集练习，即要求学生自己找出例句（例如，要求他们："在第二段中找出三个词序换位的例子……"），可以两人一组进行。该练习训练的是主动**识别策略**。

在高阶学习者阶段，可要求学生将译文与原文进行对比，并研究其中使用的策略（**策略分析**），这一练习可训练学生举一反三的能力。如：在下面这段翻译中，所有的专有名词都未作更改直接转译，只有这个使用了直译＋释意的双重表述；或者：所有超过 x 个单词的句子都依据换句策略进行了处理；或者：我们发现了一些增译或省译；或者：译文中的比喻性语言有些奇怪：这类比喻翻译成这样，而那类比喻则翻译成那样（比喻改变）；或者（更为复杂）：译文中名词与动词之间的比例发生了明显变化：说明出现了特殊的转换策略。这些任务为学生提供了在语境中识别策略的练习，让他们学会分析思考这些策略。

学生熟悉概念之后，我们可以设计练习，训练学生主动使用策略。具体的策略练习包括：要求学生使用特定的策略来翻译某些句子或句子的一部分（**策略练习**）。该任务可以表述为"请使用不同的衔接手段翻译一下标记的部分；将动词从被动变为主动（句子结构变化）；使原文中从句句首副词在目标语文本中变成主语（句子结构变化）；使用正话反说；使用编译策略；使用文化过滤……"。

还有一种练习是指定一个语境因素（如翻译功能或目的［skopos］加上读者类型），然后问学生，在给定文本中，这样或那样的策略在哪里可能有用（如信息变化）。这是一种**策略语境化**的练习。对于较长的文本片段，教师可以提前对其进行编辑，使用策略类型代码缩写：在某些地方，代码标记表明那里可能会使用什么策略（**有策略提示的翻译**）。

如果一篇译文在某一点上使用了某种特定策略，可要求学生提出其他可用策略(**策略替代方案**)。这个练习涉及选择自由的问题:在某些条件下,有些策略或多或少是必需的;有些则更像是备选方案,译员有更多自由。显然,意识到什么时候有选择,什么时候别无选择,也很重要。(比较 Pym 1992b 关于二元和非二元错误的区别)。

还可以要求学生对原语文本的**同一部分**尝试不同的翻译策略:这种练习开始关注灵活性,关注学生提出不同替代译文的能力。替代策略最容易从同一组类别(句法/语义/语用)中选择,因为各组之间难免会有重叠,比如语用的改变通常也涉及句法的改变等等。教师可以要求:"翻译一下标记部分,(1) 使用短语结构变化,(2) 使用直译;(1) 使用反义词,(2) 使用意译;(1) 使用人际关系变化,(2) 使用显化。"(**策略灵活性**)

后两个练习可作为德雷福斯兄弟所提的第三阶段,即胜任阶段的训练,其特点是有意识地决策。在决策时,我们需要知道有哪些选择,优先次序是什么,为什么某些选择比另一些更好。因此,这一阶段较少关注**是什么**,而更多关注**为什么**:可先分析已出版的翻译作品,再讨论进行中的翻译任务(**策略合理性**)。为什么这位译员在此时使用这种策略,而不是那种策略?为什么这个译法比那个好?译员在此处会有什么优先考虑?如果这种分析针对同一原语文本的几个译本展开,则会大有收获,如:同一目标语、不同时期的译本,或不同译员的译本,甚至可以选取不同目标语的译本(**策略比较**)。

译前准备工作也可在此加以运用(**策略准备**)。在为一项翻译任务做准备时,可以浏览原文,讨论文中不同地方可能使用的策略,启发不同的译法;学生可以记下不错的选择,在小组讨论结束后自己翻译时作为参考。讨论不同译法时,让学生说出选择的理由很重要。

换言之,此时的讨论开始涉及动机问题,同时也凸显质量控制问题;不同译法不仅仅是备选方案,总有些译法优于其他。那么,我们所说的**优于其他**是什么意思?为什么有些译文更好?原因当然很多,涉及语法正确性、文体适切性、语义准确性、可读性、与原文的近似性、对读者可能产生的影响等等。这些反过来又构成了介绍翻译规范及其相关价值的基础，这一点将在下文讨论。还可以介绍补偿这一有用的概念，作为在某处使用某个特定策略的可能解释。

精通阶段强调的是直觉而不是分析性思考。在这一阶段，可以充分利用触发直觉的因素，如在时间压力下工作。比如要求学生快速产出译文初稿，然后启动他们的心智监控，对自己（或同伴）的译文进行置身事外的批判性分析。小组成员可以比较他们最初在直觉状态下产出的译文，再评估各自使用的策略（**策略评估**）。此时也可能发现新的策略。

鼓励直觉的方法之一是将学生自己写的文本作为原语文本；我称之为**个人翻译**。这种文本可以是短小精悍的个人小论文（如"**我对翻译的理解**"），可作为单独的练习而写，作者并不知道之后会被当作原语文本用于翻译。翻译自己写的文本，或修改别人对自己文章的翻译，是一种特殊的情感体验。（顺便说一句，翻译策略为翻译专业的硕博士论文提供了丰富的话题。比如，如何以最佳方式对其进行分类？在特定语言对的翻译中，特定的策略往往在什么条件下得以运用？在解决特定种类的翻译问题时，常用的策略范围是什么？诸如此类）。

规 范 与 价 值

关于翻译动机的讨论自然引出翻译规范的概念。事实上，策略是手段，而规范是目的：我们使用特定的策略是为了满足特定的规范。现代翻译研究中，规范研究更多是描述性的，比如表征种种可能制约译员决策过程的规范性观念。规范随着时间的推移而变化，也随着文化的不同而变化（全面论述见 Toury 1995）。随着规范的变化，译员的角色也在变化。笔者认为，在译员的概念工具箱中，应该有规范的概念，加上对影响翻译过程的主要规范类型的理解。笔者曾提出四种规范（Chesterman 1997：64f）。

期待规范（expectancy norm）：译文应满足读者的期待，也应满足客户和其他相关方的期待。（期待规范制约着最终产品的形式。它们也影响产品产出的过程：另外三个规范制约着这个过程）。

关系规范（relation norm）：译员应保证在原语文本和目标语文本之间建立并保持适当的相对近似性关系。（这是一个语言学规范，涉及文本间关系）。

交际规范（communication norm）：译员应根据情况的需要，优化所有相关方之间的交际效果。（这是一个社会规范）。

责任规范（accountability norm）：译员应恰当满足客户、读者和其他相关方对忠诚的要求。（**其他相关方**甚至可以理解为包括翻译行业自身的其他成员：译员以这样的方式行事，翻译行业才能得到持续信任。这显然是一个伦理规范）。

规范不是法律。规范可以打破，但需要有正当理由，而证明某一规范正当性的方法之一是诉诸规范之下所蕴含的价值，论证某些打破规范的行为可在特定情况下更好地实现特定价值。笔者认为以上四种规范各自蕴含的价值如下（参见图2）：

期待规范：　清晰
关系规范：　真实
交际规范：　理解
责任规范：　信任

图 2：规范与价值

这些价值在切斯特曼（Chesterman）（1997：第 7 章）中有进一步讨论。在译员培训中，明确介绍并讨论这些规范及其相关价值似有必要。这些概念可以提高认识，促进问题的提出与讨论，产生分歧也未尝不可。笔者想再次强调，这些价值并非规定性的教条，而是假设：在笔者看来，这些正是规范译员工作的准则和价值观。

笔者(Chesterman 1997：154f)曾建议采用相关练习提高学生对这些规范的敏感性，这些练习包括：

期待规范：研究平行文本、翻译腔、目标语中关于良好风格的规定性声明。

关系规范：研究各种被称作翻译的文本(以拓展学生对翻译概念的理解)，研究不同的翻译目的要求如何影响同一原语文本的译文，批判性地研究译员的职业准则，如国家层面的译员伦理准则。

交际规范：在实际翻译之前练习撰写目标语文本，研究平行文本，使用目标语言和原语的背景材料，在课堂上使用来自真实翻译任务的文本，原文本重写。

责任规范：上述的个人翻译练习，摘要翻译，过程性写作方法。

解 放 性 翻 译

解放性话语已经成为批评语言学以及语言意识运动中的一个重要话题(如 Fairclough 1992)。该术语指一种将说话者从不必要的约束中解放出来的话语，它允许说话者作为参与社会的一员而被赋权，并促进民主和自我实现。其基本思想是，应该向语言学习者传授规范，但也应该给予他们自由，在其愿意并接受后果的前提下，可以打破规范，因此，说话者要为自己的用语承担责任。笔者可以选择用非学术性风格来撰写一篇学术文章，但这可能意味着编辑会要求进行一些修改，否则(如果发表了)人们会认为笔者有点奇怪，或者其他。这涉及明显的意识形态问题，下文就说明了这一点(Janks and Ivanic 1992：317)：

学习者要理解,准确和适当的规则并非一成不变,而取决于社会力量。由被动意识转为主动行为意味着要学会选择何时遵循常规,何时挑战常规,从而助力开拓新的领域。行动关乎知晓如何选择,何时选择以及是否选择。人们需要在使用规范性语言和为促成某种变化而选用解放性话语之间做出抉择。

这一立场在译员培训中也具有一定意义。译员的角色无须再以一个卑微的奴仆隐喻出现。我们作为教师,如果希望进一步促进这个职业的解放,就要将解放性翻译作为一种理想,一种希望学生为之努力的理想。这意味着学生不仅要了解通用规范及其背后的价值,而且要意识到完善或打破这些规范的可能性,寻求更好的方式实现现行价值,或者完善价值本身的可能性。通过这种方式,译员可以在最大程度上促进社会进步,提升跨文化生活质量:毕竟,这通常被认为是翻译的最终目标。

解放性翻译有一些极端案例,如一些女权主义译员的译文,或对《圣经》的刻意误译(如克莱伦斯·乔丹所译的《新约圣经》)。不那么极端的例子可见于职业译员的日常工作,例如在翻译行文极差的行政文件时,他们会毫不留情地使用编译策略进行改写。这些译员对自己的工作完全负责,完全清楚自己在做什么、为什么要这样做,发挥的作用也是完全可见的。

笔者将这种解放性翻译的概念概括为三个原则,并以此作为对德雷福斯兄弟所提第四阶段的描述(摘自 Chesterman 1997:189–194)。

1. **TIANA 原则**:总有一个替代方案(There Is Always aN Alternative)。这一原则与关系规范有关,强调了译员的灵活性和自由:翻译是一种创造性行为。

2. **对话原则**。译员存在于对话之中,既与原语文本对话,也与翻译活动所涉各方对话,从作者、发件人到读者和评论家,还包括其他译员。这一原则涉及交际规范:翻译是一种社会行为。

3. **"只有我可以说话"原则**("Nur das Ich kann reden",Ebeling

1971：193）。这句话来自埃贝林（Ebeling）的语言神学理论，强调了译员的道德责任（参照责任规范）。作为译员（**即使**是作为译员），我的话属于我，我对我说的话负责，我不是无名氏，我建立并维护自己的信誉。

总而言之，学生译员的任务是内化以上概念，并在实践中加以熟练运用。教师的任务则是创造条件，促使这样的内化得以发生。

参 考 文 献

Catford, J. C. 1965. *A Linguistic Theory of Translation*. Oxford：Oxford University Press.

Chesterman, A. 1997. *Memes of Translation*. Amsterdam/Philadelphia：Benjamins.

Dreyfus, H. L. and Dreyfus, S. E. 1986. *Mind over Machine*. Oxford：Blackwell.

Ebeling, G. 1971. *Einführung in theologische Sprachlehre*. Tübingen：Mohr.

Fairclough, N. (ed.). 1992. *Critical Language Awareness*. London：Longman.

Janks, H. and Ivanič, R. 1992. "CLA ［Critical Language Awareness］ and emancipatory discourse". In N. Fairclough (ed.), *Critical Language Awareness*. London：Longman, 305 – 331.

Kussmaul, P. 1995. *Training the Translator*. Amsterdam/Philadelphia：Benjamins.

Leuven-Zwart, K. M. van. 1989/1990. "Translation and original. Similarities and dissimilarities", I and II. *Target* 1：151 – 181 and 2：69 – 95.

Mossop, B. 1994. "Goals and methods for a course in translation theory". In M. Snell-Hornby et al. (eds.), *Translation Studies: An Interdiscipline*. Amsterdam/Philadelphia：Benjamins, 401 – 409.

Pym, A. 1992a. *Translation and Text Transfer*. Frankfurt am Main：Lang.

Pym, A. 1992b. "Translation error analysis". In C. Dollerup and A. Loddegaard (eds.), *Teaching Translation and Interpreting: Training, Talent and Experience*. Amsterdam/Philadelphia：Benjamins, 279 – 288.

Toury, G. 1995. *Descriptive Translation Studies and Beyond*. Amsterdam/Philadelphia：Benjamins.

Vinay, J.-P. and Darbelnet, J. 1958. *Stylistique Comparée du français et de l'anglais*. Paris：Didier.

未来译员的能力及其教学

让·维耶纳
图尔库大学

翻译能力及翻译情境

翻译理论和实践的研究者往往倾向于将翻译能力这一概念简化为三个层级的技能(脱离语言外壳、转换、译语重述)。这一界定源于翻译的三阶段模型,后被诺德(Nord)(1991:32)批评,理由是:"根据这种模型,每个原语文本都应自带'翻译指令',告诉译员应该如何转换。"诺德(Nord)认为,赖斯和弗米尔(Reiss and Vermeer)(1984)提出的路径更具说服力,他们将目标语文本设想为(Nord 1991:32)"对原语文本所提供信息的'信息供给'。或者更准确地说,译员根据任务发起人确定的目标语文本目的,提供**情境中的**原语文本某些方面的信息"。最后,诺德根据自己提出的"循环模型"(looping model)(1991:32)对实际翻译过程进行了描述。翻译过程是在"发起人确定目标语文本目的(即目标语情景和目标语文本功能)之后"开始的。

这一路径能够将原语文本和目标语文本从其经常出现的真空环境(Vienne 1994:52)(如翻译课堂以及翻译现实中)抽取出来,

并尝试在与现实任务相关联的情境下对其进行语境化。它还强调了休森和马丁（Hewson and Martin）（1991：112-117）通过翻译情境的概念所描述的不同"行动者"角色的重要性。最后，它要求我们将学生译员置于更广阔的社会文化背景中，在此他们需要具备除文本分析和译文产出技能之外的其他技能——这些技能绝不可忽略，但并不构成我所说的**核心**翻译能力。

因此，本文提出的路径试图重申翻译情境各种因素的重要性（Gutknecht and Rölle 1996：252-272），包括翻译请求方（可以是仿真模拟任务中的教师，也可是翻译项目真正的请求方或客户，参见 Vienne 1994：54）；译员；审校（由教师扮演）；以及在可能的情况下，译文用户（例如客户提供的联系人，法国进口商或客户法国子公司的工作人员），甚至译文读者（同样可通过客户提供的联系人来担当）。

核心翻译能力及相关练习

实际上，在职业实践中，译员必须讨论上述提及的翻译指令。即使是职业译员也知道，在现实生活的翻译任务中，译员很少能够获取实用性文本的原语情境信息，目标语文本的使用情境更是如此。此处的实用性文本指诸如宣传册、年度报告、商业章程、用户指南等文本，即葛岱克（Gouadec）定义（1990：332）的以下文本：

1. 为特定受众而改编……（以及）
2. 有特定目的（**笔者译文**）

因此，职业译员往往需要询问任务请求方来"挖掘"相关信息，而且一般要说明询问的理由。那么，翻译能力的第一个基本要素是分析各种翻译情境的能力（Vienne 1998b：112），换言之，从请求方给出的答案中得出

结论,并在此基础上:

1. **界定**恰当的翻译产品

2. 大体**确定**适合该翻译情境的翻译策略

在这一翻译任务阶段,学生可使用核对清单(Vienne 1994:55 及 1998b:114)对翻译情境进行分析。清单左栏包含一些基本信息(如可能的联系人、文本外因素,以及客户提供的文本或其他信息辅助工具),用以确定具体的翻译情境。重要的是,这些问题既涉及原语文本,也涉及目标语文本。尽管翻译界许多学者已经证明翻译情境分析非常重要,此类分析仍然更多关注原语文本,而忽略目标语文本。译员要产出的是译文,所以译文生产情境的所有要素(谁想通过什么媒介、在什么时间、什么地点将什么信息传递给谁)都不容忽视,也不能从对原文生产情境要素的分析中简单推断而来。实践证明,当我们从原文情境转到译文情境时,这些要素中有许多(如果不是全部的话)都会发生变化,因此要进行独立分析,来界定"预期"译文,即所谓的翻译产品。显然,这样的译文分析只能在仿真练习(教师已经对其课堂教学使用的翻译任务进行了现实生活的情境分析)或在现实翻译任务中进行。

此外,译文产出情境要素有时与原文完全不同,有时原文甚至不适合于其目标语翻译情境,这种对原文适宜性的评估就成为原文译文产出情境对比分析过程中一个有意思的副产品,毫无疑问对请求方而言也非常有价值,可以不用为无法使用的文本支付费用。

清单右栏显示从客户回答中可以得出的结论类型,包括拟采取的措施(特别是资源搜索中拟采取的策略)。

翻译情境分析的目的是确立一个大体策略说明,以实现预期结果,即通过向请求方提问而界定的翻译产品。

该分析涉及休森和马丁(Hewson and Martin,1991:156-183)所定义的一系列社会文化/经济参数,只有在仿真(Vienne 1994:54)或现实翻译任务中才能得以恰当处理。

第一阶段所需能力及其练习样例

卡拉·德让·勒·费亚尔(Karla Déjean Le Féal)(1993：166)描述了她用来提升学生译员脱离原文语言形式产出译文能力的练习,即在投影仪屏幕上显示原文一段时间,这段时间只够学生获取文本大意,不够用来专注词语本身。

笔者在翻译方法课程开始,一般会尝试将德让·勒·费亚尔(Déjean Le Féal)的方法推进一步,因为我的目的不是训练学生的**译语重述能力**,而是要锻炼他们分析翻译情境的能力。

笔者给学生提出的第一个练习是这样的：将班级(25 名学生)分成两组,给每组布置同样的任务：要求他们(用自己的母语,并写在纸上)最好按时间顺序,描述他们完成预期中的一个翻译任务所需经历的不同阶段。两组的条件在以下方面有所区分：

给第一组设定一个**情境**：芬兰红十字会需要一本针对讲法语的难民的简短手册。但这个小组没有得到任何**原语文本**(笔者正是在这个意义上将德让·勒·费亚尔的方法推进一步——完全脱离原语文本)。

给第二组一个一页长的**原语文本**,其内容关于法国造纸厂导致的环境问题,但不给出**情境**,只有最基本的要求,即该文本须译入法语(这是实用性文本译员非常熟悉的一种最基本要求)。

在某种程度上,第一组的学生不得不集中于有关情境的问题(谁、为什么、有何用、在哪里等),在描述时通常先对情境进行分析,再尝试描述与翻译情境相匹配的翻译产品。他们通常也会在策略层面上提出一些关于资源搜索的意见。

第二组的大多数学生因其面对一个文本,在描述过程时就倾向于从

阅读整个文本开始。他们在之前的翻译课程中已经学到了这一点。这并不奇怪,因为这个建议就是基于这样的信念:"翻译的第一个主要阶段必然是**阅读文本**"(强调为笔者添加)(Bell 1991:45)。笔者作为职业译员,也致力于改善职业译员的工作条件,对贝尔(Bell)的观点不敢苟同。为保证翻译过程产出高质量的产品,需要大量系统而细致的工作,而这些工作发生在我称之为翻译过程的第一个主要阶段。

在此,有两点需要说明。首先,所谓笔者的目标是改善职业译员的工作条件,是指以下情况:一家大型芬兰私人公司每个季度需要将一份公司杂志翻译成英语、法语和德语。每个译员会提前收到每份文章的清单。显然,在这种情况下,翻译过程的各个方面——例如资源搜索——可以在译员看到文本很久之前就开始,这将极大地影响他们的翻译质量。

其次,笔者想引用葛岱克(Gouadec)(1990:334)的论述来强调界定翻译产品的重要性:

> 如果不知道自己是**为谁**(哪些受众)、**为何**(要达到的目的)进行语言协调,就不大可能产出成功的译文。(**笔者译文**)

因此,这个初步练习的目的就是让学生意识到,翻译首先要与**语境**有关,而且他们必须**首先认真关注这个问题**。经过这样的训练,学生今后就不太可能在翻译过程一开始就在原文的难词下划线,然后冲到图书馆找字典来帮助解决他们所认为的**翻译的基本问题**。

完成该项学生的独自初步练习之后,我们接下来进行小组任务。全班被分成 5 个小组,每个小组负责分析一个翻译情境。呈现给学生的 5 个文本都是教师在实际翻译情境下翻译的,这意味着教师已经进行了现实的情境分析,因而在学生译员与请求方(由教师扮演)进行交涉时能够提供适当的答案。这正是皮姆(Pym)(1993:106)提到的问题:"通常我教的内容就是自己做的事情。我经常会带着那一周早些时候已经翻译的文本或下周将要翻译的文本走进课堂。"基拉伊（Kiraly）（1995）也在某种程度上提及这个问题：

> 从事职业翻译的教师可以把自己的一些翻译任务交给学生
> 小组，这样学生就必须在与职业译员相同的约束条件下工作。
> （Kiraly 1995：114）

该任务的主要目的是让学生意识到，在确定翻译产品的阶段，**团队合作**对职业译员很重要。在学生未来的职业生涯中，绝大部分情况都需要与其他译员合作，例如，他们可能需要将同一篇原文译入不同的目标语和目标语文化。在这种情况下，如果每个译员都就自己的情境分析提出问题，显然会浪费资源，也会严重影响请求方的耐心。将大家的能力集中起来对每个人都有利，每个人都可以在一些问题上向其他人提供帮助。

第一个阶段练习的最后一个例子如下：要求每个学生在纸上写出适合该翻译情境的大致翻译策略。在这个练习中，他们要尝试回答类似这样的问题：

1. 我是否应该阅读一些关于此类文本（原语文本和目标语文本）是/应该如何书写的资料。如果是，应该读**什么**，**为什么读**以及**如何读**。

2. 我是否应该看一下翻译此类文本常见问题的文章。这一点非常重要，可以鼓励学生在自己的领域（翻译研究）寻找信息。例如，对于用户手册或年度报告，我是否应该阅读翻译杂志上的文章，或者阅读系里以前的学生就此问题写的论文。以及，我应该读**什么**，**为什么读**，**如何读**。教师收集所有关于"什么""为什么"和"如何"的答案，并将其留给全班讨论。

然后，在这一基本情境分析阶段之后，职业译员会检查他/她是否能够产出符合这一阶段界定的目标语（翻译）产品。因此，这是翻译能力的第二个基本要素，即具备决定适合特定翻译情境的资源搜索策略的能力，以及评估和利用必要资源完成任务的能力（Vienne 1998b：113）。

职业译员和翻译学者一致认为,资源搜索对于成功完成翻译任务至关重要。要达到这一目的,我们须建立起一种适用于特定翻译情形的资源搜索策略。主要目的是要让学生意识到两点。首先,只有通过定期分析源自目标语文化的文本(由专业的母语人士,最好是专业写作者书写的),职业译员才能发展出并保持住产出适切文本这一至关重要的能力;其次,由于大多数学生在毕业后不易进入学校图书馆,他们必须学会挖掘目标语文化中的文本,以满足未来翻译任务的需要。

此外还须强调,为了(使用当代语言)准确表达,实用性文本的产出应基于当代文本的定期分析之上。我们坚持认为,实用性文本来源于现有文本,即从构成这些文本的要素(类型学、短语学和术语学)中产生。

第二阶段所需能力及其练习样例

此阶段的第一个任务围绕这样一个问题:译员如何找到平行文本,即在目标语文化中具有与译员所要翻译的文本相同或相似功能、目标受众和使用环境的文本,同时牢记上一阶段对翻译产品的定义。每个学生有一周的时间对回答这个问题所要遵循的程序进行书面描述。教师将所有的答案带到班上进行讨论。

第二个任务的前提是,资源搜索不能局限于简单的平行文本搜索。此外,每个学生都要汇编一份适当的资料来源档案。鉴于我们只是在纯粹策略层面上进行操作,学生仅需写下他们预期需要搜索的其他来源。

在第三个任务中,我们将从策略转向这一策略所要求采取的具体措施上。如前所述,全班被分为 5 个小组,每个小组负责一种情况。每个小组的任务是调研一组特定的信息源(专门杂志、目录等),以找到相关联系人(公司、机构等),未来可以通过传真或电子邮件联系。

接下来,学生们还须对从目标语文化中获得的文件进行分类,换言之,他们必须学会如何在我们系的文本库(textothèque)(Vienne 1994：57)中存放文本。

这一练习与我系开设的"资源管理"平行课程相关。该课程可在教室利用设施在大屏幕上投放互联网网页,这样每个学生都可以跟随(由老师和/或其他学生进行的)不同的示范,了解如何在互联网上进行操作。

在建立文本库方面,互联网提供了两种资源:

1. 直接的文本/术语资源。这些资源可部分由纸质文件组成(在大学培训背景下使用印刷材料的优势),部分以电子形式保存。

2. (通过电子邮件)直接联系订购更多的文本资源

在这种情况下,我们鼓励每个学生利用互联网资源建立自己的网络文库(cybertextothèque)。建立网络文库需要两种练习:建立适合译员需要的分类(使用通用十进制分类),在网络文库中插入新的网站。后一步需要在一个窗口填写 URLMGR 记录,该记录存在于 URL 管理器程序中(参见图1):

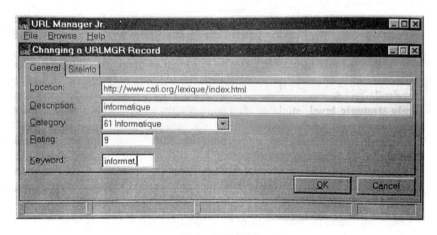

图1：记录样例

学生需要决定:

1. 应该在哪个类别插入网站

2. 如何根据其对未来任务的实用性对网站进行排名(1—10)

3. 应使用什么关键词查找网站

学生还要在网站信息页添加备注,诸如现有网站中有哪些有趣的链接。这一信息在搜索网络文库时会出现在网站地址附近。

结 论

为应对翻译实践的发展,包括翻译过程日益**技术化**和商业化的趋势,以及所涉及的行动者日益增加的情况,教师必须面对这样一个事实:过去用于翻译培训的练习类型已不足以让学生从容应对未来的职业生涯。此外,功能路径的翻译研究清楚表明,在教授文本翻译时,如果不注意翻译的目的及实现这些目的的背景,就等于遗漏了学生未来职业生涯中所面临任务的一个主要方面。所有这些都有力地证明了"情境翻译"教学法的优势,在这一教学法中,翻译分析是其中核心,教学主要集中于学生译员的译前准备上。

基于仿真或真实场景,翻译任务不仅提供了"良好的教与学的动机"(Nord 1994:66),而且可自动为教师提供恰当的实用性文本。

事实上,职业译员在工作中大部分时间都在处理这类实用文本,而且大多数翻译院校都希望培养学生在这一领域的业务能力,因而在翻译教学中重视处理此类文本的技能就很有必要。

由于"情境翻译"的概念兼具理论和实践基础,我们就很容易做出这样的判断:任何旨在培养职业翻译的课程都应包括"情境翻译"的教学模块。

最后,笔者引用皮姆(Pym)(1993:144),并通过他转引达妮卡·塞莱丝柯维奇(Danica Seleskovitch)的话来结束本文,他们都认为翻译教学的目的应是培养"翻译专家(specialists in translation),而不是专家译员

（specialist translators)"。笔者认为本文所述的培养计划能够实现这一目标。

参 考 文 献

Bell, R. 1991. *Translation and Translating: Theory and Practice*. London: Longman.

Déjean Le Féal, K. 1993. "Pédagogie raisonnée de la traduction". *Meta* 38(2): 155 – 197.

Gouadec, D.1990. "Traduction signalétique". *Meta* 35(2): 332 – 341.

Gutknecht, C. and Rölle, L. J. 1996. *Translating by Factors*. New York: State University New York Press.

Hewson, L. and Martin, J. 1991. *Redefining Translation: The Variational Approach*. London and New York: Routledge.

Kiraly, D. 1995. *Pathways to Translation: Pedagogy and Process*. Kent: Kent State University Press.

Nord, C. 1991. *Text Analysis in Translation: Theory, Methodology, and Didactic Application of a Model for Translation-Oriented Text Analysis*. Amsterdam: Rodopi.

Nord, C 1994. "Translation as a process of linguistic and cultural adaptation". In C. Dollerup and A. Loddegaard (eds.), *Teaching Translation and Interpreting 2: Training, Talent and Experience. Papers from the First Language International Conference, Elsinore, 31 May – 2 June 1991*. Amsterdam/Philadelphia: Benjamins, 55 – 67.

Pym, A. 1993. *Epistemological Problems in Translation and its Teaching*. Calceit: Edicions Caminade.

Reiss, K. and Vermeer, H.-J. 1984. *Grundlegung einer allgemeinen Translationstheorie*. Tübingen: Niemeyer.

Vienne, J. 1994. "Towards a pedagogy of translation in situation". *Perspectives: Studies in Translatology* 1: 51 – 59.

Vienne, J. 1998a. "Vous avez dit compétence traductionnelle?" *Meta* 43(2): 187 – 190.

Vienne, J. 1998b. "Teaching what they didn't learn as language students". In K. Malmkjaer (ed.), *Translation and Language Teaching: Language Teaching and Translation*. Manchester: St. Jerome, 111 – 116.

布达佩斯理工大学法译匈翻译教学反思：基于功能的课程类型学

阿格尼丝·埃尔特
布达佩斯理工大学

引 言

本文选题源于笔者针对两类本科生群体的教学经验,分别是中级水平学生和口笔译专业学生。本文先对这两种类型的教学进行大致比较,然后重点介绍教授口笔译专业学生的经验。基于不同培训目标,课程设计的内容和翻译练习方法均有所不同：中级水平学生的教学目标是翻译入门,口笔译专业学生的培训目标是在培训项目框架下夯实翻译专家技能。课程设计也取决于翻译活动在各自课程结构中的相对重要性。两个层次的教学过程有一些共同特点,下文将对此进行讨论。

中级水平组与口笔译专业学生组特征对比

学 生 情 况

中级水平组为工程系本科生,他们须参加匈牙利国家考试,考试由口头和书面部分组成。后者包括引导式作文、单项选择语法测试、文本理解和将法语译入匈牙利语（同时也有匈译法）。

口笔译专业学生来自广泛的专业工程领域，其语言水平大致相当于国际高级法语证书（DALF）考试所要求的水平。

翻 译 教 学

教学目的是培养学生通过对内容进行解释性分析来识别观点、理解和解释原语文本的能力，避免出现逐字翻译。学生应能产出连贯的、完全对等的文本，将原语信息转换至目标语。

翻译教学还旨在培养学生使用更可靠的翻译技巧，以便更有创造性地解决与翻译有关的问题（知道何时查证，了解文献的必要性，向专家咨询，等等）。

时 间

中级组的普通语言课程并不完全以翻译教学为基础，因为其他诸如听力理解、口语表达和书面文字表达等能力必须同时发展。在两个学期中，学生每周有两次 90 分钟的课程，整个课程中约有 30%—40% 的时间用于翻译任务。口笔译专业学生每周有一次 90 分钟的翻译课，持续五个学期。课程安排完全用于翻译活动和附带的补充练习。

文 本

中级学生需要翻译简短的普通科普读物，文本内容有时根据不同教学目标而有所调整。文本包含的术语大多能在双语词典中找到。口笔译专业学生的文本则源于多种真实语境，反映学生译员的主题兴趣和具体领域。政治、经济和法律主题文本也会呈现给学生，让他们熟悉专门用途文本的翻译，这些文本往往与他们的核心专业不相一致。术语并不都能在字典中找到，学生需要去图书馆进行查证，向专家咨询，以及阅读教科书和母语平行文本。

教 学 方 法

对中级学生采取的教学方法只是口笔译专业学生能力培养的一部分：包括引导式翻译、组对练习、个人独立翻译练习及同步即时纠正、错误分析等，两种课程的整体时间分配也不一样。对于口笔译专业学生来说，课程不能只停留在个人译文比较或错误分析上。下文将介绍课程结构样例和纳入课程结构的补充练习。

共 同 特 点

在上述两个层次的教学过程中，出发点均为原语文本。学生必须针对不同文本类型、文本体裁和文本特点采取相应翻译策略，用目标语重新表述原语文本。学生翻译时，可以根据翻译任务的特点和他们遇到的问题，通过推理，为自己建立翻译过程的指导原则。教学策略依据的最重要操作性目标是基于语言学理论的翻译教学中独立于语境的原则，如贝尔（Bell）（1991）、德利斯勒（Delisle）（1980）、吉尔（Gile）（1995）、德让·勒·费亚尔（Déjean Le Féal）（1995）、克劳迪（Klaudy）（1997）等人所阐述的。这些理论的基本概念通过转化为实践而纳入翻译课程框架中。根据个人经验，可以发现以下共同点。首先，译员必须在目标语中生成新的文本，满足原语文本的所有功能，以便将新文本传达给完全不理解原文本的受众。第二，即使工作语言的掌握水平良好，如果没有语言外能力，即没有足够的主题知识，也不足以确保遣词造句的适宜性。第三，该课程的具体目的是向学生展示如何在实践中,将一系列翻译方法论的理论原则与新的情况相结合。第四,课程不仅关注翻译过程的各个阶段,而且通过讨论、比较译文和错误分析,也关注最终的翻译作品。

还有一个特点是教师在翻译活动中要避免把自己的解决方法强加给学生。教师的角色是协调,必要时通过讨论针对最佳措辞或翻译单元给出建议。这一点在学生受到狭义界定的规范原则束缚而不能发挥创造力时尤为重要。最后,在翻译教学中,一般方法性指令大都是从语言学、篇章语言学或语用学等学科中借用的混杂概念,这些学科在实际的翻译过程教学中得以应用。同时,它们与翻译决策的心理方面有着深刻的联系,是一个值得深入研究的领域。

教授口笔译专业学生的教学经验

教 学 情 况

布达佩斯理工大学的整个培训课程涵盖六个学期,学生在其专业课程之外须同时完成每周 8—10 节不同主题的课程。翻译课程从第二学期开始。整个翻译教学计划包括以下内容:翻译理论问题、文学和一般文本翻译(含技术术语的文学文本)、技术翻译入门、专门用途文本翻译,以及最后一个学期翻译文凭项目中的职业翻译。论文翻译是文凭考试的一部分,内容是高度具体的、与考生专业领域相关的一个 15—20 页文本,要求从外语译入匈牙利语。还有一份较短的 5—8 页的文本,需从匈牙利语译入外语。这两种文本在准备和评估阶段都需要指导老师的帮助。由于学生来自不同专业背景(如建筑、化学工程、电子),他们对技术文本的理解因人而异。这也影响了文本选择和教学方法的标准。

待译文本分类的灵活性

为确保翻译任务的进展，需要在文本的语言难度和专业难度的多样化标准之间达成妥协。考虑到受众在语言层面是同质的，而在专业领域是异质的，根据学生专业领域的主题分类提供待译文本不失为一种有效的方式。具体而言，在课程中，可让学生们翻译关于建筑、化学、机械、信息学、城市化和交通运输的文本，这样他们对文本主题会很感兴趣。同时，根据严格的既定标准对文本进行分类似乎并不现实。正如吉尔（Gile）(1995：139)所说：

> 同样的主题……在风格和术语方面可以有不同的处理方式，这取决于文本类型、作者和目标读者。

主题是选择文本的一个可能标准。重要的是，要确保文本出自不同的来源（如序言、教科书、科研论文、通俗文本、公司文档），这可以向学生表明，专业程度和语言难度不在同一层次上。一篇科学水平高的文章在句子结构上可能很简单（例如为法国法律专业学生编写的教科书）；相反，从技术角度看容易理解的通俗文本，由于其风格和语域的改变（例如大量的文化指涉），可能造成更多的翻译困难。可以说，文本的主题领域可能有所不同（技术、政治、经济、法律文本），但基本的翻译过程不变——先阅读、透彻理解信息，再用目标语对其进行充分的重新解释。

课　程　类　型

任何形式的课程结构都由以下几个因素的动态共存决定：

1. 目标设定,学生的语言水平和动机强弱,上课频率和课程时长等外部时间因素,工作速度和小组成员之间互动等内部时间因素,这些都可根据实际课堂情况有所变化。

2. 以翻译模态为基础拟教学的翻译活动功能。就模态而言,笔译和视译构成笔者所教授的课程体系"框架"中两种主要的翻译类型(参见Elthes 1996)。

主要翻译活动经常辅以补充练习,旨在培养与翻译过程直接和间接相关的技能:记忆、决策速度和对查证必要性的认识。任何翻译课程的内容都取决于由理论、实践和心理因素构成的教学目标,而总体目标不受翻译练习模式影响。在任何情况下,学生都应该学会运用与文本有关的策略、语言和语言外翻译原则以及自我监控机制,以产出高质量的最终产品。所有这些总体目标都是教学实践本身的指导原则。

基于文本的课程结构案例

文本类型 A 是一篇政治文章。对于这类文本的翻译,重点是让学生练习查证的技巧,目的是减少用于决策的时间,从而减少目标语文本产出所耗费的时间。

这一任务的目标包括识别词条、制作关键词清单;学习只为一种变体做出最终决策;向其他学生展示最终产品,对译文进行辩护、论证和审校。学生可个人默读用匈牙利语发表的相同主题的平行文本,也可以通过两人或小组合作来实现。

该任务所占用的时间取决于文章的长度和难度,以及要识别的表达的数量等。一般而言,我们允许学生花 15 分钟来阅读匈牙利语平行文本并识别词条。然后,学生以小组为单位花大约 30 分钟完成翻译过程的各个步骤,接着是约 25—30 分钟的讨论。最后,学生用大约 5 分钟得出包括理论和实践在内的一些结论。

这种课程设计将个人学习与小组活动相结合，学生用匈牙利语重述一篇关于当前政治事件的文章，其中涉及复杂的翻译教学问题，可以灵活地将理论概念纳入不同的教学阶段：文本分析，译文对比和讨论等。吉尔(Gile)(1995：83)认为：

> 在政治文本中，大部分重要信息是由作者选择的特定词汇和语言结构来传递的，良好的语言知识非常重要。

译员必须牢固掌握原语中相关词汇要素，阅读母语平行文本可以加强学生识别相应词汇、产出目标语文本的能力。如果不阅读匈牙利语平行文本，学生只能在词汇层面产出似是而非的译文，从而造成内容的曲解。在课程中，平行文本起到了"主题词典"的作用，学生能够"突然"意识到与原语文本表达方式相对应的译文表述。

关于方法论问题的其他看法

这里介绍一个翻译此类文本的有趣方法，即以默读匈牙利语文本而不是待译的法语文本来开始翻译过程。下一步是做笔记，并借助与主题最相关的关键词来准备文章的摘要。待学生熟悉这个主题之后，才将法语文本呈现给他们。从法语文本中提取关键词后，学生开始准备他们的译文。最后鼓励学生对整个活动进行分析，让他们通过推理考虑语言和理论问题。

文本类型 B 是技术性文本，如化学、结晶。重点是培养学生对特定主题的整体理解，即便文本中存在陌生的术语，也可通过对原语文本进行预分析（词汇、句法、概念）、（在字典的帮助下）决定术语译法来实现。可（以小组为单位）要求学生翻译前两段，并通过小组讨论，提出可能的解决方案。每个小组提出一个译文，由全班共同讨论。这一任务可以随堂作业的形式进行,先初步阅读,(由整个小组进行)口头总结,再回忆基本概念;或让学生通过查证寻找合适术语,识别在匈牙利语中的对等表达。下课之后,学生需要在家独立翻译整个文本。

课程大致时间安排如下:对于长度约 2 页的文本,在准备阶段,学生有 15 分钟进行阅读,接着花 10 分钟预分析。5 分钟用于总结,10 分钟用于回忆单词,20 分钟查证。然后,小组翻译需要 25 分钟,还有 5 分钟用于总结。

下述课程描述依据的文本样例是化学专业学生熟知的主题(法语"Alliages"即为英语的"Alloys",合金)。非化学专业学生可从组员那里获得专业背景信息。因此,这种练习类似于翻译过程连续的非线性交流行为。最后,学生们自行总结法语技术文本中相关的语言现象,作为练习的成果。

以下是学生的一些发现:

1. 技术表达的准确性排除了翻译中出现歧义的可能

2. 特定词汇与当下法语用法并存

3. 简单句子结构与复杂句子结构并存

4. 简单与复杂的词汇单位

5. 翻译时需要语言外背景知识

基于功能的补充练习

该练习可作为课程结构的一部分灵活使用。在具体教学中,重点进行哪些练习取决于课程的学习目标。如果课程纳入了补充练习,用于翻译过程本身的时间就会减少。因此,主要翻译活动与补充练习的时间分配要根据学生的积极性、翻译速度和任务的难易程度灵活安排。

下面我们介绍一些课堂上使用的练习类型(排序不分先后)。

记 忆 力 训 练

学生须快速阅读一页长的法语技术性文本，并用下划线标注所有陌生术语。然后要求他们在不看文本的情况下，尽量回忆新的术语。接下来，学生搜索所熟记的术语的匈牙利语对应表达，可使用双语词典。口头翻译文本时，只能使用通过熟记准备的单词列表。为了解学生对新术语的记忆速度，他们应尽量快速翻译文本。适用于此类练习的是带有记录术语的标准技术文本，目的是训练学生记忆力和翻译速度，丰富某一特定领域的词汇。

另一种监测记忆的方法是在课堂上翻译一篇技术文章，其主题和术语已为学生所熟知。翻译这类较短的文章时不需要使用字典。这一练习的作用是巩固特定术语的长期知识，培养学生使用已习得术语自信而迅速地翻译更多文本的能力。

文本变体的生成

同样的短篇原语文本以两种不同的方式被翻译出来：可以听教师朗读或听磁带，学生边听边记笔记，生成详细、准确的目标语书面摘要，然后由教师收集起来。或者，将同一文本以书面形式分发给学生，让他们进行笔译。不准使用字典，因为文本的难度是根据对词汇的熟悉度决定的。然后让学生们比较两个译本。

从上述练习可以发现，书面摘要反映出学生对文本的整体理解，他们的文体创造力，以及以意义为导向产出目标语文本的能力。而同一文本的书面翻译往往更加准确，因此在某些部分，译文易受符号和形式影响，更依赖于文本。最好的解决方案是将以上两种文本变体相结合。这个练习可以培养学生的记忆力和交替传译所需的笔记能力。

文本类型识别

不定期给学生提供**一揽子**来自不同文本的片段也是一种有效的练习。学生须回答一些文本外和文本内的问题,对文本进行客观描述:识别作者和受众、文本功能、文本来源(出版地),以及词汇、风格、隐性和显性信息,以确定文本所属的交际环境。在练习过程中,学生应能独立发现属于不同类型文本的相关参数,这些参数也须反映在匈牙利语译文中。这有助于他们面对多种文本类型时形成一套更可靠的定位方法,为今后进行任何类型的翻译打下坚实的基础。

译 文 比 较

这一练习强调的是两种语言(原语和目标语)之间对比性知识的关键作用。翻译决策的程序性问题在心理过程不同层次的互动基础上得以揭示。通过对比两个书面文本——原语文本和目标语文本,学生可以根据两种语言系统之间的差异,习得下意识的语言反应。对目标语重构中的规律性进行系统化归纳,可以为学生译员提供有效指导其翻译的语言学原则。在要求学生对文本进行比较时,重要的是给他们提供方向性指导。例如,学生可以考察法语文本中回指标记的各种匈牙利语翻译,其中可以发现:逐字对应、法语语法类别的调整、标记的完全省略,以及用标记所指普通名词的重复来替换。

"连 环" 视 译

向学生 A 提供一个简短的法语文本(20—25 行),让其用匈牙利语像读一个连贯文本一样立即朗读出来。学生 B 边听边做笔记,将学生 A 的准匈牙利语文本以书面形式回译成法语，并将回译的文本交给学生 C，由他负责比较两篇法语文本，重点关注原文和回译文本之间的差异（风格、信息损失、补偿手段、误解）。

与此同时，小组其他成员对相同原文进行笔译，并在下课前提交集体译文。这是一种"玩味文本"的活动，学生们可以自己得出有用的结论。在这个练习中，共有两组练习译本，其中三个文本出自学生。

文本 A 是法语原文；文本 A-1 是匈牙利语的视译文本，而文本 2 是原文的匈牙利语书面译文。文本 3 是视译版本的回译。

在比较法语原文及其重译的变体时，学生会发现一些其他差异，例如，用词不准确，语域和风格的变化。视译文本和书面翻译之间的差异可以揭示几个层面的差异：句法、词汇和文体，尽管两个文本都保持了文本连贯性。这个练习虽然是人为设计的，但似乎很有效，它不仅提高了视译和更加以意义为导向的书面翻译技巧，还加深了对翻译过程的认识。

学生作为审稿人

每个学生译员都应该是他/她所代表的专业领域的专家。小组成员准备一份技术文本的书面翻译，该文本的主题与他们的专业领域不一致，然后将翻译提交至小组中一位具有良好语言外能力（领域知识、术语信息）的同伴。接着是角色扮演，两两结对进行互动，一个扮演审稿人，一个扮演译员。学生 A 的任务是从形式和概念上对翻译进行批评，他/她不仅要核查可能的语法错误，更重要的是审核翻译的专业可靠性，还必须给出更恰当的术语译文，并对他/她认为需要修改的地方进行评论。学生 B 可以通过论证和辩护来说服审稿人保留自己的译文，当然也可以直接接受批评意见。

所有学生都有原文及修订意见的复印件，因此全班都可参与讨论。这加强了审稿人的责任感，因为他们须用更精准的译文取代他们所批评的译文。这也加强了译员的责任感,因为在任何情况下,他们都是原语作者和目标语文本受众之间的沟通者。这个练习鼓励学生去寻求积极的反馈。另一个重要特点是,尽管这一活动发生在翻译课堂的人为设计的框架内,参与者所处的情境却是真实的。

译 文 评 价

译文评价是一种创造性活动,综合了不同学生的翻译经验。在第五学期仍将进行选择性翻译的陈述展示。每个学生都要为课程准备他/她建议的书面译文,并将复印件分发给小组成员。翻译方案陈述以口头报告形式进行,包括对原语文本的文本外特征(文本功能、作者)和文本内特征(词汇、句法、文体)进行分析,提示听众注意翻译操作的语言方面。在分析任务之后,学生需对翻译操作和决策过程中发现的问题进行描述。之后其他学生对原文进行批判性评论。由于译本也分发给了其他学生,大家可以就翻译方案的优缺点进行讨论,重点讨论他们接受的译文,以及需要译员补充解释或更多论证的翻译决策。翻译的口头陈述是一项高度复杂的活动,需要不断变换角色。每个学生都是评论员、译员、修订人。这种练习可将教学过程中语言部分和交流部分统一起来。

结 论

本文试图提出一种独立于语境的教学原则,作为培养翻译能力的基础,而不必考虑原语文化和翻译课程的授课语言,也不必考虑涉及的语言对。

我们希望这些原则能够有助于设计基于专门用途文本的课程结构,

以制定翻译策略，提高对可能的翻译方案的认识。

最后，为支持和说明本文所述的文本依赖型教学原则，我们提供了与翻译有关的补充活动案例，这些活动与教学环境中翻译能力培养的各个互动层面相关联。

参 考 文 献

Bell，R. 1991. *Translation and Translating: Theory and Practice*. London：Longman.

Déjean Le Féal，K. 1993. "Pédagogie raisonnée de la traduction". *Meta* 38(2)：155 - 157.

Delisle，J. 1980. *Analyse Du Discours Comme Méthode De Traduction*. *Cahiers de traductologie*. 2ⁿᵈ édition. Ottawa：Presse de l'Université d'Ottawa.

Elthes，A. 1996. "Initiation à la traduction technique". *Folia Practico-Linguistica: Theoretical and Practical Aspects of Training Translators*，29：80 - 95.

Gile，D. 1995. *Basic Concepts and Models for Interpreter and Translator Training*. Amsterdam/Philadelphia：Benjamins.

Klaudy，K. 1997. *A forditás elmélete és gyakoriata*. Budapest：Scholastica.

Szöllösy，S. and András-Szücs，A. 1996. "The importance of training towards human excellence and achievement". *Folia Practico-Linguistica: Theoretical and Practical Aspects of Training Translators*，29：161 - 170.

过程导向翻译教学法中翻译日志的使用

奥莉维亚·福克斯

巴塞罗那自治大学

引　言

我们不能仅靠观察学生的习作来教写作,还必须了
解他们写作的过程,以及为何作品以此形式呈现。若想
影响写作结果,就必须尝试了解写作过程发生了什
么……我们要迎难而上,探究无形的过程,而非避重就
轻,仅仅评估有形的写作产品。(Hairston 1982:81)

海尔斯顿(Hairston)的主张在当时是颇具革命性的概念,即
以过程为导向的写作教学法,但现在翻译领域研究聚焦翻译过
程而非翻译产品,这使得海尔斯顿的观点对翻译教学也有了独
特的意义。

传统翻译教学法是规定性的,也是产品导向的。若按照海
尔斯顿的观点,接受可以通过了解学生的文本产生过程及文本
形式呈现的原因,即理解翻译过程,来最大限度提高学生的翻译
水平,我们就可以放弃传统的产品导向的翻译方法,而代之以更
为有效的过程导向方法。

根据定义,过程导向的翻译教学法以学习者为中心,以需求为基础。该教学法综合了涉及师生合作的问题解决方法,并考虑课堂学习过程中的实际社会语境。

该教学法注重三个过程——交流、学习和课堂的社会过程(小组互动),聚焦于学习者实现学习目标的**方式**。

同伴讨论、日志撰写、议定书和调查问卷都是过程教学法大纲的重要特征。

培养翻译能力

五年前,巴塞罗那自治大学翻译学院的加泰罗尼亚语-英语翻译课引入了以过程为导向、以能力为基础的课程设计。其主要目的是培养学生译员的翻译能力[1],从而改进他们的翻译表现[2]。

加泰罗尼亚语-英语翻译课程开始时,我们对学生进行了需求分析。结果显示,学生翻译表现的不足与福克斯(Fox)1995年发现的情况类似,即缺乏对翻译任务目的的认识,不了解客户和受众对翻译任务的期待、欠缺目标语文本语言、惯例和用法等知识、对译文受众的社会文化背景信息知之甚少、缺乏有效的文献检索能力,以及文本编辑不够有效。

课 程 目 标

课程拟培养以下翻译能力:

1. 在原语文本和目标语文本语言文化中处理并有效理解文本的能力

2.产出满足客户和目标读者期望、符合翻译任务目的和要求的译文的能力

3.产出在正确性、适当性和意义性标准方面符合目标受众要求的译文的能力

4.准确记录决策过程的能力

5.解决跨文化翻译具体问题的能力

课程采用了基于任务的教学方法和学习单元,每单元有 5 个学习目标。这些**学习目标**(改编自 Nunan 1989：49)取决于所需培养的能力,具体包括:

1. **交际目标**(培养学生了解任务目的,以及客户和受众对翻译任务成功完成的预期等意识,其结果是培养产出满足翻译任务要求的译文的能力);

2. **社会文化目标**(培养学生对接受原语和目标语文本、并赋予其意义的社会文化背景的意识,其结果是培养在原语和目标语文化中处理和理解文本的能力);

3. **语言和文化意识目标**(培养学生对语言的系统性、运作原理及意义传达方式的意识,其结果是培养产出正确、适当、有意义,且符合目标受众期望的译文的能力);

4. **学会如何学习的目标**(培养学生了解可用于实现个人目标的不同资源,以及最佳使用这些资源的意识,其结果是培养有效记录观察结果的能力);

5. **解决问题的目标**(培养学生对可能出现的情景、语言、文化或文本问题的意识,其结果是培养解决文本跨文化转换特定问题的能力)。

选择文本作为翻译任务时,优先考虑最能满足翻译任务目标要求的文本和文本类型,目标又由所需培养的能力所决定。

输入(文本)多种多样。学习单元的选择和排序最初取决于课程开始时设定的目标,继而会依据持续的需求分析,以及使用**日志撰写**和**同伴讨**

论监测能力发展的进展情况,适时调整课程目标。

日 志 撰 写

学生接手翻译任务后,需做记录或撰写日志,记录自己如何翻译,发现了什么问题,如何解决,以及给出译文定稿时翻译决策的理由是什么。这一日志要用目标语即英语书写,并与译文一起提交以供评估。提交译文后,学生要在课堂及同伴讨论中与老师同学一起评价自己的翻译过程。

以下节选自散文翻译课 46 名学生中的一名所写的翻译日志[3],示例说明在过程导向翻译教学方法中,如何使用翻译日志,其效果如何。这些内容节选自同一学生的五篇日志,分别对应 11 周内(相当于一学期)学生翻译的五篇文章。日志中所翻译的文本为:《民事服务,人人有责》(*Servei civil,cosa de tots*)、《费利佩四世》(另译"腓力四世"——译者注)(*Felipe IV*)、《外表文化》(*La cultura del cos*)、《跟科比玩游戏》(*Cobi juga*),以及《破碎的镜子》(*Mirall trencat*)。节选按照其所在日志的顺序排列。日志的呈现顺序与文本的翻译顺序一致,因而是相互关联的。

文本 1:《民事服务,人人有责》(安德鲁·马亚约)(Andreu Mayayo)

翻译文本 1《民事服务,人人有责》刊登于巴塞罗那自治大学学生杂志上。作者安德鲁·马亚约属于佛朗哥政权下最早的依良心拒服兵役者(conscientious objector),他规劝加泰罗尼亚 18 岁男性青年放弃服兵役(西班牙所有 18 岁以上的男性都必须服兵役),转而报名参加替代的民事服务。该文富含(或隐或显的)历史和文化指涉,反映了加泰罗尼亚人和西班牙马德里政府之间由来已久的对立情绪。其文风特点是多用对比和隐喻。

日　志　1

　　从该学生的日志节选中可以看出,她主要关注的是词汇的翻译(原序号为1—16,归于"问题"之下)以及如何从字典提供的可用词条中选择合适对等的译文。该生译文中所选用的词汇用下划线标出。

　　问题:

　　1."no sense discusió":

　　——并非没有反对意见,并非没有讨论

　　——正在讨论,正在辩论,不同意见、反对的观点似乎是指宪法而非依良心拒服兵役

　　其他都较为笼统,就像原文中所指——不是没有讨论过

　　3."llei":

　　——议案:一项方案

　　——法案:已通过议会批准

　　——法律:泛指

　　学生在选择一种对等译文、放弃另一种时,没有考虑到词条所处的语境,以及词条因语境而产生的意义。因此,文中过去的兵役支持者使用高度讽刺和轻蔑的表达,指涉年轻的和平主义者("minories illuminades","barreja d'estudiants existencialistes y tronat gandhians")这一隐含意义就消失了。

　　9."minories il.luminades":光照派(德国教派或知识分子);有远见的少数派;受启发的少数派

　　10."tronat gandhians":

　　tronat:年迈的,衣衫褴褛的,颓废的——用于外貌描述;疲

惫的——经过艰苦工作、困难或不愉快的经历后疲惫不堪的人；无用的,破败的——无法使用；破产,穷困潦倒——身无分文；怪人——想法古怪不切实际的怪人/傻瓜,行事非常愚笨不明事理；原文指想法,所以译为<u>甘地式的怪人</u>

作者批评政府不支持民事服务替代服兵役,也没有在译文中有所体现,这一点隐含在作者提到的一个事实中,即政府宁愿"tocar a somatent"(当教堂钟声响起警告村民攻击即将到来时,号召加泰罗尼亚的村庄武装起来)"i no les campanes de Basilea"(尽管 1912 年第二国际代表大会代表宣布反战)。

16. "tocar a somatent/tocar les campanes de Basilea":

没有对应的英文表达。我们必须找到某种表达方式或解决方案,保留原文中著名的巴塞尔大钟和加泰罗尼亚村庄小钟的对比。如此一来,可以保留大与小、重要与次要之间的比较。<u>敲响村庄的小钟,也敲响巴塞尔的大钟</u>

从这篇日志所涉及的词条及其翻译方式可以推断出,该生还未习得成功翻译所必备的翻译能力。她没有有效处理并理解原语文本(不知道原语文本作者的目的/意图,因而不知道所用语言特征的意义,以及语言特征如何形成衔接连贯且得当的文本)。该生译文也未能满足任务要求(未意识到跨文化转换的特定问题,文本是由接收和理解其的社会文化背景以及目标读者对文本意义的期望决定的)。

文本 2：《费利佩四世》(法比亚·埃斯塔佩)(Fabiá Estapé)

翻译文本 2《费利佩四世》刊登于巴塞罗那的一本周刊杂志,该文评论了西班牙时政局势,提到了巴伦西亚和马德里的地方和国家政党领导人,以及马德里中央政府和巴伦西亚自治政府之间的敌对关系。文章语气以讽刺批评为主。文本 2 是在文本 1 译文经同伴讨论后发给学生的。

日 志 2

在第二篇日志中,该生不再聚焦于词汇的对等译文,而是关注文本整体和这些词汇产生意义的语境:

> 该文完全与加泰罗尼亚,巴伦西亚和西班牙的现实紧密相连······加泰罗尼亚语原语文本隐晦地指出加泰罗尼亚和巴伦西亚、"加泰罗尼亚民族"(els Països Catalans)与西班牙之间的差别······加泰罗尼亚语读者可能知道利松多(Lizondo)是谁,也知道他是反加泰罗尼亚的。既然加泰罗尼亚语读者拥有必要的背景信息,就能读出文本作者不太喜欢利松多······

这一背景知识是理解作者观点的关键:

> [······]加泰罗尼亚语读者认为作者法比亚·埃斯塔佩不喜欢利松多,主要是因为:"estem acostumats a soportar les atzagarades del senyor Lizondo"。"bestieses com la que va dir al Congrès";"supòsit absurd"("我们已习惯容忍利松多先生的愚蠢错误"。"比如他在国会的发言令人厌恶";"荒谬的假设")。

这一背景知识也是理解作者意图的关键:

> [······]结合历史和政治背景,作者巧用费利佩四世的称号。他将国王费利佩四世的名字(Felipe IV)与四届任期的首相名字

费利佩·冈萨雷斯(Felipe González)联系起来。但也有另一种关联。因为费利佩·冈萨雷斯在位时间长,所在政党在议会中一直占有大多数席位,所以他在西班牙过得就像国王一样。

该生清楚地意识到,译文读者若想像加泰罗尼亚语读者那样理解文本,就需要背景信息以联系上下文,而这背后隐含着种种困难:

> [⋯⋯]作者写这篇文章时,假定读者有相应背景知识来理解文本。读者需了解加泰罗尼亚、巴伦西亚和西班牙的历史和政治背景才可理解全文。因此,译文若只是忠实于原文所有信息,便十分困难。我们必须引入诸多额外信息,以确保英语读者能读懂原文的所有讽刺和隐藏意图[⋯⋯]。这一信息缺口仅靠翻译本身是无法弥补的,因为我们还必须解释加泰罗尼亚、巴伦西亚和西班牙的历史⋯⋯

但该生的确担起了译者的责任,对读者负责:

> [⋯⋯]加泰罗尼亚语读者知道在佛朗哥独裁统治之后,西班牙有七届政府,其中四届为工人社会党执政政府,所以可以理解原文第一句话。然而,英语读者不一定要知道这些信息。所以我在开头增添了一些额外信息——"塞维利亚社会主义政治家费利佩·冈萨雷斯";"在西班牙执政";"西班牙1975年以来的第七届政府"

该生也对原文作者负责,有意识地处理了目标语文本,以满足语言惯例和用法要求,表述作者的意图:

> [⋯⋯]从译者的角度看,文本开头提出了又一个非常有趣

的问题。作者开头写道"Efectivamente ...",用来确认已经发生的事情。一篇文章如此开头,无论是英语或加泰罗尼亚语,都十分奇怪。该词要义在于将标题《费利佩四世》与文中所述事实联系起来,即费利佩·冈萨雷斯不出所料已经第四次当选。作者巧用该联系,所以译文最好保留此开头,但同时也须清晰凸显这两者之间的联系。我的译法是将原文长句一分为二,置换其顺序,这样读者就能轻松发现"费利佩四世"与冈萨雷斯第四次当选之间的联系,同时译文也保留了"efectivamente"的连接功能。该译法也缩短了译文句子的长度,否则会过于冗长。

与日志1不同的是,词汇部分都归入了"术语问题"这一类别。而且在日志1中,学生列出了字典中的对应译文,只在所选择的译文下划线,但日志2却不同,学生给出了不同术语翻译的推理过程,参考并对比了一些文献来源,体现了该生有意识的决策过程。

> "Vice-president":
> 在1992年《大英百科全书年鉴》(the Britannica's Annual)中,我查到"副首相(deputy prime minister)阿方索·格拉(Alfonso Guerra)于1991年1月19日辞职……"1993年7月14日的《卫报》写道,"但副首相(deputy prime minister)纳西斯·塞拉(Narcis Serra)将赴任新职……"。因此我决定将"vice-president"译为"deputy prime minister",虽然还有其他可能的译法如"vice-president"(副总统——译者注)。

该生意识到翻译决策需有连贯性,也需符合目标语文本读者的期望,因而在决定采用以下偏移译文时,学生承担了个人责任:

"ministre d'Economia i Finances"：

该短语有几种不同的译法，让译者困惑不已：1989 年《大英百科全书年鉴》写道，"1988 年 7 月 4 日，经济部长（the minister of the economy）在桑坦德的梅南德斯·佩拉尤国际大学（the Menéndez Pelayo International University）发表演讲，宣布［……］"。1993 年《大英百科全书年鉴》写道，"经济部长（Economy Minister）卡洛斯·索尔查加（Carlos Solchaga）表示［……］"。1987 年《欧洲世界年鉴》（the Europa World Year Book）第二卷写道，"经济、财政和贸易部长（Minister of Economy，Finance and Trade）卡洛斯·索尔查加［……］"。该职位似乎不是固定术语。考虑到在所有其他术语（"president"，"vice-president"）的译法上，我都选择了相应的英语名称，在此我决定译为 the Spanish Chancellor of the Exchequer（西班牙财政大臣）。英国读者对此不会感到奇怪，而且增译"西班牙"一词后，读者可以清楚了解该译文指的是西班牙的对应职位。

显然，该生在不同的翻译能力上进步明显。她在理解文本的过程中，更好认识到了语境的重要性、文化价值观及共有信息的作用；认识到如何确定作者在文本中的目的和意图，文本语言特征的重要性以及如何将其转化为衔接连贯且得当的文本；认识到将某个社会文化背景下产生的文本翻译到另一个社会文化背景，本身就存在困难；认识到为满足目标语文本读者和客户对翻译任务的期望，译者需要找到相应的解决方案；认识到进行有效文献查证的必要性。特别是该生在翻译过程特有的决策中，承担起了个人责任，有所进步。

文本 3：《跟科比玩游戏》（1992 年巴塞罗那奥组委）（COOB'92）

翻译文本 3《跟科比玩游戏》是 1992 年巴塞罗那奥运会期间分发给奥组委

志愿者的谜题游戏集。同样,文本3是文本2译文经同伴讨论后发给学生的。

日 志 3

在日志3中,该生描述了在翻译原语文本时遇到的四个问题,这些在文献查阅时碰到的问题主要来源于译文需满足目标语文本读者对特定文本类型、语言用法和语言惯例的期望:

问题1:我们需要查阅可能包含了这些游戏名称的杂志,以确定在英语中这些游戏的常用名称[……]

问题2:我们需要确定解释游戏规则使用的是哪种写作风格。我们发现英语规则更为直接[……]英语中更常用祈使句,向读者直接提问时也是如此。所以我改变了一些规则解释说明,并引入了祈使句式[……]

问题3:词汇的特定问题。原文中一些词具有特定含义,如"instal.lació esportiva:体育设施"。这是体育领域的特定术语,所以我们要找到准确的翻译[……]

为满足翻译任务要求,需要修改原语文本的部分内容,以确保目标语文本得体、有意义、能为读者所接受。

问题4:我们要对一些游戏进行修改,这样译文才能合乎情理。比如"字母形花片汤"(Alphabet Soup),译者需想出一种新的汤[……];"画谜"(The Rebus),译者则须把象形符号图片换成能够引导读者找到正确答案的图片[……]

此处,学生非常清楚翻译任务的目的,并敏锐意识到目标语文本读者对译文的预期。该生记录观察思考的方式也非常有效。值得注意的是,在记录过程中,该生经常使用第一人称复数代词"我们"。在上文前三个例子中,使用"我们"似乎表明一种共同的经历,即一群学生一起寻找合适的平行文本。但是,在例4需要改动游戏时,"我们"似乎泛指译者,该生也是其中之一。这表明该生第一次承担起代表全体译者的角色。

文本4:《外表文化》(米克尔·波尔塔· 佩拉莱斯)(Miquel Porta Perales)

翻译文本4《外表文化》刊登于当地报纸,文章作者表达了自己对于现代人外表崇拜的看法。该文多长句,大量使用括号和破折号,以突出文中所述概念之间的对比。文本4是文本3译文经同伴讨论后发给学生的。

日 志 4

日志4的形式发生了很大变化。该生不再以编号形式对不同翻译问题做出评论。相反,日志采用短文形式,详细论述了学生如何阅读和理解原语文本,做出决策,以解决文本的跨文化转换问题,其中原文本的文体特征被巧妙地转换成作者想要传达的信息。

在整个翻译过程中,必须考虑该文本的某些特点,即标点符号和语言风格,两者都使原文较为复杂,译者必须决定这是否应保留在英文译文中。原文特别是第一和第二段,有许多元素要考虑,还有长句,若直接译成英语,将晦涩难懂。原文还连续使用括号,若直接翻译,也会扰乱读者的注意力。作者使用这些写作策略,一定隐藏了某种意图目的。译者要决定是否应牺牲原文的某些特点,以确保英语读者能清楚理解作者所述内容,还是应优先考虑原文的风格和特点,尽管译文对英语读者来说可能难以理解[……]。在英语中,括号通常用来表示作者认为可以"独立于文本存在"的额外信息。但在《外表文化》中似乎不是如此[……]。原文中,括号里的内容不是附加信息,而是评论[……]即括号里的内容不是额外信息,而是作者希望读者关注的观点……

学生似乎已经从反思个人翻译决策,代表译者群体发言,发展为充当权威,因为她明确提到了"翻译过程",并告诉读者"译者必须做什么"。虽然该生仍对自己的决定负责("我建议"……"正因如此我"……"我认为"……),但学生以复数"我们"(we)来传达普遍性的事实,这大概是指整个译员群体,学生似乎也对此有了更多认同感。

从这篇日志可以看出,学生在解决跨文化文本转换的特定问题方面有所进步,处理和理解原语文本以及目标语文化中语篇的能力有所提高,而且自己更加意识到译文需要满足准确、得体和传递信息的标准,符合目标受众预期。

文本5:《破碎的镜子》(梅尔塞·罗多雷达)(M. Rodoreda)

文本5是最后一篇,节选自加泰罗尼亚著名女作家梅尔塞·罗多雷达的小说。书中描述了一位寡妇的外表以及她观察自己的镜中影像时内心的想法。文本以描写为主,包含了许多特定的文化表达方式。

日 志 5

同日志4一样,这篇日志依然采用整篇文章论述的形式,首先关注待译文本,然后讨论在翻译时,如何保持译文与小说在风格和语域上的一致,以及该小说与罗多雷达文学作品整体一致等问题。

在处理文本中特定文化表达问题之前,我们需要确定(若没有读过本书):

1. 整体情节如何(将节选置于小说整体中,了解人物说了什么,做了什么)。

2. 作者的写作风格如何(观察作者的写作特点在选段中是否有体现,并决定如何在翻译中保留这些特点)。

由于这是一篇文学翻译,因此以上两点是翻译《破碎的镜子》(节选)时最为重要的考虑因素。第一点可以避免破坏原文连贯性,文本节选仍是整部小说的一部分;第二点有助于我们确保尊重小说作者的写作特点……

这些特定文化表达方式确实是该生面临的挑战。在做出最终选择之前,她考虑了若干备选译文。

处理这项特定翻译任务(一位知名女作家的文学作品)时,学生展现出的成熟度能够说明她在多大程度上发展出所需技能和知识,来成功完成翻译。要解决文本中特定文化表达的问题,学生也需要查找特定的文献资料。

结　　论

波特等(Porter et al.)(1990)和松本(Matsumoto)(1987)提到,在过程导向的课程大纲(process syllabus)中采用学生日志可以激发学生反思自身学习过程,记录个人学习经历的方方面面,不用日志就可能无法观察到这些。笔者认为,就翻译教师而言,本文中这位学生日志的节选内容是一份有效的进步报告,非常有趣,体现了学生在提升翻译课程目标所涉能力时的进展情况。

从日志可以看出,该生已发展出如下能力:有效分析和理解原语文本;理解翻译任务的要求;产出符合客户和目标读者期望的译文;有效记录翻译过程;解决文本中跨文化转移有关的问题;产出符合目标读者要求的正确、得体、传递信息等标准的译文。此外,该生还在翻译决策过程中获得了自信心。

因此,撰写日志能鼓励学习者批判性思考,反思翻译文本的任务;鼓励学习者自行评估不同翻译问题的不同解决方案的可接受性和恰当性;同时,随着学生自信心的增加,也能鼓励学生为自己的决定担起责任。

然而,翻译日志的作用也不仅限于学习者本人。不同个体的翻译任务结果取决于他们自己的安排,是不可预测的。借助翻译日志,教师能发现学生的缺点和错误(其中一些可能**从未**出现在教师的考虑事项中),从而帮助学生迅速有效地解决或消除这些问题。

学生配合课堂布置的翻译任务定期撰写日志,也能让教师在课程安排和计划中准确关注学习者的个人需求,监测学习者在培养有效翻译活动所需的关键能力方面取得的进步。

翻译表现评估也得以改进,因为学习者的日志反映了文本的翻译过程,教师能借此了解到译文背后翻译决策过程的依据。因此,教师更能明确区分与翻译能力和/或语言能力相关的错误。

最后,撰写翻译日志有助于实现课堂的情感目标。学习者能借助日志直接与教师交流(这一点在大班教学中尤为重要),获得自信和安全感,因为教师了解并知道他们的成就和翻译困难,学习者也能获得个人进步的详细反馈。

然而,本文案例所显示的翻译能力的提高,不能完全归功于翻译日志。虽然学习者通过撰写日志,能更加了解翻译过程,但课堂中的同伴讨论也强化了这一认识。特别是学习者更能认识到在现实生活中读者群体将阅读自己的译文,自己作为译者/文本生成者的角色,需要满足读者群体的期待,即译文在形式、内容、意义等方面需达到某种可接受的规范。学习者不仅需要更深入地思考自己在翻译时所做的决定,还要准确记录这一过程,以便在公开讨论/辩护自己的译文时,能够证明翻译决定的合理性。随着学生逐渐理解这一讨论的重要性,他们就能互相指导评价。如此一来,学生能真正理解读者的期待,承担起作为译者/文本生产者的责任。在这一过程中,学生作为译者以及翻译批评者的信心在提升,深入学习的动机也会增强。

附　　录

所用文本:

《民事服务,人人有责》(《自治新闻》,1988 年 10 月)

《费利佩四世》(法比亚·埃斯塔佩)

《外表文化》(《巴塞罗那报》,1989 年 2 月 7 日)

《跟科比玩游戏》(1992 年巴塞罗那奥组委)

《破碎的镜子》(梅尔塞·罗多雷达)

注　　释

1. **能力**(基于 Gonzi et al. 1993):成功表现背后的各种要素组合。

2. **表现**(基于 Spolsky 1985):通过运用技能和知识来证明自己对某

事的精通。

3. 日志原文系用英文手写。本文从交流目的出发，以电脑打印文本呈现日志节选。日志引文系逐字引用，但为便于出版，一些语法和拼写错误已被纠正。

参 考 文 献

Fox，O. 1995. "Cross-cultural transfer in inverse translation: A case study". In M. Thelen (ed.)，*Translation and Meaning PART 3*, *Proceedings of the Maastricht session of the 2nd International Maastricht-Lodz Colloquium on Translation and Meaning*. Maastricht: Hogeschule Press，324 – 332.

Gonczi，A.，Hager，P. and Athanasou，J. 1993. *The Development of Competency-based Assessment Strategies for the Professions*. Canberra: Australian Government Publication Service.

Hairston，M. 1982. "The wind of change: Thomas Kuhn and the revolution in teaching writing". *College Composition and Communication* 32(1): 76 – 88.

Matsumoto，R. 1987. "Diary Studies of Second Language Acquisition: A Critical Overview". *JALT Journal* 9(1): 17 – 34.

Nunan，D. 1989. *Designing tasks for the Communicative Classroom*. Cambridge: Cambridge University Press.

Porter，P. A.，Goldstein，L. M.，Leatherman，J. and Conrad，S. 1990. "An on-going dialogue: Learning logs for teacher preparation". In J. Richards and D. Nunan (eds)，*Second Language Teacher Education*. New York: Cambridge University Press.

Spolsky，B. A. 1985. "What does it mean to use a language? An essay on the basis of language testing". *Language Testing* 2(2): 140 – 152.

专门领域翻译课程的结构化设置：
只是碰运气的事儿？

凯瑟琳·韦
格拉纳达大学

引　　言

　　笔者对专门领域翻译课程结构设置的兴趣源于在格拉纳达大学口笔译系担任相关课程讲师的经验，也来自笔者对学生期望和意见的持续性调查。学生中既有西班牙学生，也有交换生，均已在一些欧洲大学学习了专门领域翻译课程。他们经常提出的一个批评意见是，专门领域翻译课程的内容往往是教师在牙医候诊室翻阅的周日报纸或科学/经济杂志上的最新科技文章。他们认为，这些课程缺乏结构性，翻译任务是在真空中进行的，缺乏明确的翻译纲要（brief）指导（Nord 1997：30），也没有结构化的任务安排。

　　为缓解这一问题，我们在设计四年制口笔译本科课程时，特别注意了这些批评意见。该课程于 1993 年取代了之前的三年制文凭课程。随着 21 世纪的到来，笔译/口译员被视作跨文化交流专家（Obenhaus 1995：247；Nord 1997：17），课程因此进行了重新调整，包括语言学、翻译理论、检索技能、术语和计算机等课程,此外还有区域研究、通用翻译和专门领域翻译等各种课程。

我们试图为专门领域翻译课程的设置提供一些基本参数,以实现本科课程的总体目标(Gallardo San Salvador and Way 1996)。我们的课程目标是发展翻译能力,培养未来的职业译员。在我们进一步讨论之前,我们有必要准确定义一下何为**专门领域**翻译(specialised translation)。

我们坚信,我们的目标应是培养学生达到一定水平,可以作为新手进入职业市场,并能在所处工作领域继续提升自身专业水平。为此,我们提供了长达 200 小时(一年)的专门领域翻译入门课程,其中 100 小时是译入学生的母语,另外 100 小时是译入学生的第一外语。在一年的课程中,他们将接触经济、法律、科学和技术这四个主要领域。完成入门课程后,学生须选择最后一年的专门领域翻译课程,包括 70 小时的译入母语课程和 70 小时的译入第一外语课程,外加 60 小时由第二外语译入母语的课程。但是在这最后一年,他们也须选择经济和法律或科学和技术作为其专门领域。

有关翻译就业情况的调查(van Slype·1983:9;Schmitt 1990,1998)显示,在欧洲,绝大多数译员都在经济、法律、科学和技术领域工作。显然这一情形在不断变化,必须持续更新相关信息。此类调查的区域性差异也是一个影响因素,我们将在后文讨论。因此,我们认为,专门领域翻译应包括所有属于专门领域主题的文本。虽然这一定义非常宽松,但能够涵盖大量经济、法律、科学和技术等受众不同、难度不同的文本类型。

因此,本文希望反映出我们在设置专门领域翻译课程时考虑的基本参数,同时为这些参数保留足够的灵活性,以适应入门级和高级课程以及不同水平或不同类型的翻译要求。这些参数并非一成不变,可以进行修订和改进。本文讨论的基本参数有以下几个:

1. 职业市场
2. 学生情况和期望
3. 课程目标
4. 领域选择
5. 文本类型

职 业 市 场

我们的专门领域翻译课程显然应适应市场的需求。尽管我们或许在课堂上更倾向于翻译漫画或诗歌（这些有效的活动可以而且实际上已经被纳入其他课程），但数据显示，绝大多数翻译工作涉及其他领域（van Slype 1983：9ff；Schmitt 1990，1998），这些领域可能缺乏吸引力，但经济回报更高。除了进行更广泛的翻译市场调研，还可以通过追踪毕业生及其工作情况，以及进行本地、区域和国家调研加以补充。

随着技术进步（通过调制解调器）及其应用的增加，职业市场的全球化意味着我们不再只关注本地市场，而应关注更加多样化的行动领域。

不过，尽管如此，我们至少可以在专门领域翻译的入门课程中先专注于本地市场的需求，以此作为地域相近的职业市场的大致需求，后续课程可扩展到全球市场。

另一个关注点是语言组合产生的需求差异：我们发现译入西班牙语的软件翻译比译入英语的多；在西班牙自治区（加泰罗尼亚、巴斯克地区或加利西亚）等双语社区或拥有大量外国居民的地区（安达卢西亚），文学、行政和法律翻译更多。因此，这一参数将成为我们专门领域翻译课程结构的第一个核心基础。

学生情况和期望

学 生 情 况

不同国家、不同大学的招生情况会有所不同。因此,我们必须了解自己的学生情况,以便设计出的专门领域翻译课程既能充分考虑学生的学术背景,又能帮助他们克服前期的不足,同时还能实现课程目标。

例如,在格拉纳达大学,我们的学生大多接受了专上教育,其中大部分已修读了人文学科课程,但未学过自然科学或社会科学课程。这意味着他们缺乏用于理解专门领域翻译入门课程四个主要领域的基本概念。

在某种程度上,可通过提供上述领域的选修课(专门针对译员需求)来缓解这个问题,学生可在专门领域翻译课程之前的前两年进行学习。然而,正如"选修"二字所示,并非所有学生都会选课,是否选课与他们入学前的期望密切相关。学生还可以在课程第三年和第四年进一步选修专业程度较高的课程。

在某些情况下,比如研究生翻译项目中,学生情况会大有不同。我们还增招了本科是其他专业领域的学生,以及在专门领域有基础,但缺乏翻译训练的毕业生。这些学生显然需要不同的教学方法,在混合班级中,如果每个学习小组中有一名来自其他专业领域的学生,对所有学生都是有益的。

学 生 期 望

正如吉尔(Gile)(1995:86)所言,人们普遍认为译者要么应是双语者,具有足够的语言能力,可以用一种语言的某个词来替换另一种语言的另一个词,要么像某一领域的专家一样博学多识,以胜任专业文本的翻译。翻译专业的学生在入学时也普遍持有这些观点,因此拒绝进入自认为不是专家的领域。事实上,我系正在进行的对学生期望的研究也表明,许多学生入学时本打算成为文学翻译译员,后来却发现就近的翻译市场能提供的就业机会十分有限,因而感到失望。

毕比(Beeby)(1996：106)的调查也让我们了解到学生对翻译课程的期望。我们的发现非常相似,而且显而易见的是,学生非常清楚他们的翻译课程如何或者是否缺乏结构性。他们喜欢明确界定所设定的任务及要求解决的问题(尽管培训学生自己认识到这些问题也是课程的重要部分),也表示愿意涉猎广泛的领域,在翻译实践课上加入更多理论,接触更多的通用翻译。在实践课中加入理论,往往只是明确哪个理论、策略或翻译问题是某项具体翻译任务或纲要的基础而已,看它如何在实践中得以运用或解决。尤其在教学早期阶段明确这一点能够帮助学生完成任务。

学生情况和期望都是影响课程结构的因素,并有助于预见可能出现的问题或需特别注意的方面。关注这一参数有助于实现每个班级和课程所需要素间的平衡。

课 程 目 标

课程目标取决于该课程在整体课程设置中的情况以及课程长度和上课频率。我们预期 40 小时的密集课程不如将 40 小时分散在一个较长时期所取得的效果好。最低目标显然会根据情况有所不同,入门课程的目标可能是期望学生在课程结束时获得以下能力：

1. 识别和界定特定领域文本类型的能力；

2. 使用专门领域译员可用资源(术语/文献/数据库)的能力；

3. 识别及恰当使用专业语言和话语的能力；

4. 运用通用翻译课程中习得的翻译策略,以及专门领域翻译所需策略的能力

以上目标均根据课程水平而定,因为在每个阶段,学生都需要根据所给的课程材料及该阶段的课程资源来实现这些目标。

这些总体目标适用于上文提及的领域,例如,在 100 小时的入门课程中,要求学生能够在两小时内翻译一篇长约 300 字与课程内容类似的文章。文本长度和翻译速度是另一个争论的焦点。这些都会因课程水平不同而有所区分。考虑到毕业生进入职业领域后翻译速度就能提升,这里的目的是训练学生以未来雇主在初期能接受的速度提供恰当的译文。

在设计课程目标时,是否涵盖杂文翻译是另一个有争议的问题。根据我们的经验,西班牙的翻译市场要求毕业生从事杂文翻译工作(Way,1997),特别是在一些特定领域(旅游、行政、国际商务和法律)。他们的从业情况表明,专门的杂文翻译课实际上是对学生译入母语课程的补充,通过处理不同子领域各个方向的翻译,我们的工作领域有可能得以拓宽,同时也提供了一个接触内容广泛的平行文本的机会。

这些目标旨在提供一个宽松的框架,框架内的其他参数可以根据特定情况和课程进行调整。

领 域 选 择

如上所述,对专门领域的选择在很大程度上取决于职业市场的需求。

不过也有其他因素影响这一参数中子领域的选择。在入门级的专门领域翻译课程中，我们不可避免地要确保学生接触到信息、专家和文献。由于西班牙的教育体系中没有统一的信息技术技能教学，我们发现学生对文字处理器、数据库和互联网的熟悉程度不一。设置信息技术技能的入门课程和可应用于翻译的计算机课程，可以部分缓解这一问题。其他因素也会限制我们对电子资源的使用，其中较明显的制约因素包括：资源不足、学生人数和访问受限。

如果我们暂不讨论数据库和互联网问题，那就必须考虑课程的现实情况：图书馆有哪些文献资源，所在大学或地区有哪些专门领域，哪些专家可以随时提供咨询（来到课堂并提供课程指导），我们教师的专门领域有哪些，我们的工作语言组合是什么。如果是入门课程，那我们主要讲授和测试以上因素的运用，而不是检验学生能否找到信息，当然在特定阶段的教学中，这也可以作为一种十分有效的练习。我们面对的是受控情况，讲师尽可能了解所有可用的信息来源，判断学生在实践中运用所学到的如术语或文献查证技能情况，进而纠正他们在准备中可能出现的错误。

专门领域翻译教学是应该涉及广泛的子领域（如民法、海商法、程序法）还是只聚焦一两个子领域但大量练习各种文本，这里存在一些争议。我们发现，在专门领域的入门翻译课程中，根据课程长度只选择一两个子领域的做法有几个好处。这与学生的期望和普遍观念截然相反，他们错误地认为应该接触所有未来职业生涯中可能遇到的领域和文本。

这种方法的优点是，通过接触有限子领域中各种各样的文本类型，学生能很快在较短时间内发现自己能够有效地使用信息搜索技能，熟悉以前不熟悉的概念，识别和使用专业语言，也就是实现上述的课程目标。

根据我们的经验，法律或经济文本的翻译课程对学生尤其缺乏吸引力。为了缓和他们初期的排斥心理，我们试图从学生可能有一定了解的领域入手，让他们轻松进入这些专门领域。比如，法律文本翻译的入门课程可以从民法入手：与婚姻、分居和离婚等问题相关的家庭法。事实上，仅仅是婚姻法就足以满足 50 小时的课程内容,也可以浅显涉及其他相关的子领域,如分居或离婚。大多数学生都有一些家庭法的概念(尽管是模糊的),可以帮助他们更轻松地接触这个主题。

经济类文本的翻译课程可以从宏观经济开始:国民经济、服务行业和旅游,都是可能的领域。除了经常出现在新闻中的话题,学生耳闻目睹的就是地方经济,其在很大程度上依赖于服务业,特别是旅游业。

还可以同时处理一个子领域的不同方面,先译成一种语言,再译成另一种语言,实现课堂内容的多样化。通过这种方式,不同课程相互补充,形成系统性的结构,有助于学生了解自己通过哪些方式能提升翻译能力。

之后的课程可以涉及其他子领域,一旦学生获得了处理文本的初步信心,他们就不会因为自己不是该领域的专家而轻易排斥,而是对自己的翻译能力充满自信。

文 本 类 型

正如语言学家之间持续不断的争论所示,鉴于文本的多功能性,对其进行分类是一项复杂的任务。在这一参数中,我们可以任选一种文本分类方式,分析文本的语场、语旨和语式等要素。也可以将职业市场需求作为另一指导原则(尽管出于教学考虑,可以纳入其他文本以突出某些要点)。我们可以将斯内尔-霍恩比(Snell-Hornby)(1988:32)提出的文本类型理论作为分类基础,来选择课程的文本类型,涵盖某个专门领域使用的最常见的文本形式。当然,文本必须精心挑选,符合课程的特定教学目标。

鉴于专门文本类型之间存在重叠因素,本文在此不讨论什么是科学或法律文本。随着学生学习的进展,他们会逐渐明白,某一特定文本的界定（例如，一份关于核电站的合同可作为法律文本，也可作为商业和/或技术文本）可能取决于各种因素。

斯韦尔斯（Swales）（1991：30ff）曾论及一个人如何在同一时间可能属于不同的话语社区。同理，我们的学生也应该识别和产出（一个专门领域内）不同体裁的文本。虽然成为**通才**不太可能，但学生必须记住，尽管可以选择某一专门领域作为专长，但进入职业生涯后，他们会成为完全不同领域的专家。

确定专门领域和该领域内的文本类型之后，可采用多种方式设置课程结构。根据我们的经验，采用与哈蒂姆和梅森（Hatim and Mason）（1997：194）所建议的结构相类似的方式是非常有效的。在这样的课程结构中，教师会向学生介绍文本的指导性、说明性和议论性的重点内容，逐渐引入文本的标记形式（marked form）及不同话语。

高阶课程还可将其进一步复杂化，对同一文本提出不同的翻译要求（例如，为布拉德福德的女权主义研讨会或为生活在西班牙、讲英语的妇女翻译《妇女指南》）。

入门课程可以选用以下几种文本：

指导性文本：民法典/法律

可选指导性文本：广告

面向公众的说明性文本：报纸文章

面向特定读者群的说明性文本：妇女指南

议论性文本：广告

议论性文本：专门话语

以上均涉及相同主题，如婚姻或旅游，但文本类型、形式要求和结构不同。

这种选用不同文本类型的做法符合上文提出的专门领域翻译的广泛

定义,它允许我们涵盖更广泛的文本,并且观察某一领域的元素在不同的文本类型和语境下如何进行处理。

总之,翻译和翻译人才培养有许多不同的方法。选择上述基本参数可使我们在进行课程设置时灵活选择任何一种。例如,偏向语言学路径的教师可以根据他/她认为需要强调的不同语言学问题来组织文本。

文本选择是关键,但实际操作中投入其中的时间远超规定的时间(参见本书 Kelly 的文章)。文本选择不仅要依据主题领域,还要考虑其中呈现的翻译问题,所强调的特定翻译能力,以及这些能力在互相关联的翻译问题架构中所占据的位置,最终选取的文本应该在一个单元集合所有问题,学生可在其中展示自己的翻译能力。

上文已经提到,与学生期望相悖的是,他们不可能在课堂上接触到今后作为专门领域译员在职业生活中可能遇到的全部文本和主题领域。近几年,我们在试行一种课程结构,向学生介绍与专门领域有关的不同翻译问题和任务,并尽可能使用职业市场中可能遇到的真实文本。通过这种示范性的训练方法,学生们不仅能够识别课程目标中所列出的要素,而且能够发现可能出现的陷阱和问题,进而在解决问题时根据合理标准进行决策。如有必要,他们也可以在同事、客户或法庭面前为自己的决定做出解释。

在此意义上,我们同意诺德(Nord)(1997:68)的观点:

> 职业训练,特别是大学阶段的职业训练,应能让受训译员从某些样本文本的翻译及翻译任务中获得洞察力和规律(而非规则!),从而在职业生涯中将其应用于其他文本或翻译任务。

最后,我们希望上述列举的基本参数可以通过调整而被应用于大多数情况,其目的只是提供一个框架,由教师在此基础上建构自己的课程结构。并没有什么神奇的公式能让我们设计出完美的专门领域翻译课程,但希望我们提出的基本参数能构成一个骨架，翻译教师可在此基础上填充血肉，创造出不仅能更有效实现其教学目的，而且让教学过程更加轻松愉悦的专门翻译课程。

参 考 文 献

Beeby，A. 1996. *Teaching Translation from Spanish to English: Worlds beyond Words*. Ottawa：University of Ottawa Press.

Gallardo San Salvador，N. and Way，C. 1996. "Teaching legal translation in Granada：methodological aspects of legal translation". In B. Lewandowska-Tomaszczyk and M. Thelen (eds.), *Translation and Meaning*, Part 4. Maastricht：Euroterm，297–304.

Gile，D. 1995. *Basic Concepts and Models for Interpreter and Translator Training*. Amsterdam/Philadelphia：Benjamins.

Hatim，B. and Mason，I. 1997. *The Translator as Communicator*. London：Routledge.

Nord，C. 1997. *Translating as a Purposeful Activity*, *Functionalist Approaches Explained*. Manchester：St. Jerome.

Obenhaus，G. 1995. "The legal translator as information broker". In M. Morris (ed.), *Translation and the Law*, ATA Vol. VIII, Philadelphia：Benjamins，247–257.

Sánchez，D. 1997. "La traducción especializada：un enfoque didáctico para los textos científicos (español-francés)". In M. A. Vega and R. Martin-Gaitero (eds), *La Palabra Vertida*. Madrid：Editorial Complutense，457–462.

Snell-Hornby，M. 1988. *Translation studies. An integrated approach*. Amsterdam/Philadelphia：Benjamins.

Schmitt，P. 1990. "Was übersetzen Übersetzer? Eine Umfrage". *Lebende Sprachen* XXXV：97–108.

Schmitt，P. 1998. "Marktsituation der Übersetzer". In M. Snell-Hornby et al. (eds.) *Handbuch Translation*. Tübingen：Stauffenburg，5–13.

Swales，J. 1991. *Genre Analysis*. Cambridge：Cambridge University Press.

van Slype，G. 1983. "Le marché de la traduction". *Multilingua* 2 (1)：9–18.

Way，C. 1997. "The translation of Spanish academic transcripts：Implications for recognition". In K. Simms (ed.), *Translating Sensitive Texts: Linguistic Aspects*. Amsterdam：Rodopi，177–185.

学走之前先学跑？本科阶段翻译课程设计

克里斯蒂娜·舍夫纳
伯明翰阿斯顿大学

引　言

　　翻译在社会中发挥着日益重要的作用,为社会发展做出贡献。为了应对这种需求,社会需要越来越多的高素质翻译人才。但译员获得职业资格的方式各不相同。在欧洲大陆,译员通常在专门设计的大学本科课程中接受培训,学制为四或五年,可获得第一学位。而在英国,主流模式是为期一年的翻译研究生课程,可获得硕士学位或文凭,这些课程的入学要求通常是具有良好的语言类专业第一学位。在英国,获得翻译资格的另一种方式是通过英国皇家特许语言家学会的翻译文凭考试,任何人只要"具有较高的原语和目标语能力,良好的写作能力和翻译能力"都可以参加考试(《考试大纲及考生建议》,1996：5;对这一考试的批评性评价参见 Schäffner 1998)。

　　选择本科生或研究生翻译培训取决于一系列标准。国家传统起着决定性作用,但也包括翻译的社会地位和决策者对培训需求的认知。英语作为世界语言的地位以及由此带来的翻译在盎格鲁-撒克逊世界中不甚突出的作用,也许可以解释为何英国缺乏专门的翻译培训课程[1]。直到近几年,英国大学的研究生课程数量才显著增加;本科生课程则仍然罕见[2]。支持开设研究生课程的一个常见论点是,此时学生显然已经具备高水平的语言能力,因此可以将重点放在翻译能力的培养上,而无须同时提供语言培训。例如,安德曼(Anderman)(1998:5)就指出:

> 如果没有外语类专业的第一学位,学生很快就会发现,自己不得不兼顾不同阶段的语言学习和翻译技能的学习。

此外,他们也大多缺乏足够的目标语文化背景知识,因为尚未在国外学习一年(通常是四年制本科课程的第三年),未获得目标语文化的直接体验。安德曼因此得出结论:

> 试图培养那些语言还不熟练,或者没有足够文化和社会意识的学生的翻译能力,大概相当于在让他们学走之前就学跑(1998:5)。

尽管在欧洲大陆的大学里,确实也经常有人对学生语言知识的水平表示担忧,但不可否认的是,他们的本科阶段翻译培训极为成功。

此外,认为学生只有掌握了所涉两种语言的坚实知识,才能更有效地关注翻译能力发展,这一假设本身就值得商榷。在这种情况下,还有其他问题可能成为研究生阶段开设翻译课程的障碍。首先,学生在加入研究生课程时,已经对翻译有了具体认知。但是,这种认知往往来自他们在不同学校和大学本科阶段的翻译学习经历,即教学翻译(而非翻译教学,指翻译仅作为语言学习的一项活动,而非职业翻译教育的一部分——译者注)。传统的做法是,翻译练习作为语言教学和语言学习的工具,在语言学习课程中占有重要地位。其主要目的是扩大和测试学生的二语词汇量,监测和提升他们对二语文本的理解,提高他们的口头表达灵活性和产出正确目标语结构的能力(不管目标语是他们的母语还是外语)。因此,这些课程既没有培养出具有翻译学位的毕业生,也没有为他们从事职业翻译工作做好准备。如果学生带着这种对翻译的认识来上研究生课程,就必须先"清空"他们在本科阶段所学的东西[3]。换言之,借用安德曼的比喻,他们本希望能更有信心地继续走下去,却可能发现自己在第一道关卡就跌倒了,或者身处十字路口时,不知道该何去何从,因为他们期望中的本是通衢大道。

鉴于社会对高素质译员的需求不断增加,带着为英国提供高效有用的译员培训的决心,我们决定在本校开设"现代语言与翻译研究"本科专业。在本文中,笔者将概述该专业的目标、内容和结构,并讨论学生初步了解翻译研究核心问题后的表现,对学生成绩的讨论将与翻译能力的概念相结合。最后,笔者将回到"先学跑还是先学走"的争论,对其是否适合翻译能力发展进行讨论。

专业结构与内容

每决定开设一个本科新专业,都必须考虑一系列因素,首先是对这一专业的客观需要、学生入学时的资质以及大学设此专业的能力(即学生和专业的总数、教职人员的可获得性和资格)。基于这些考虑,我们选定开设四年制的"现代语言与翻译研究"本科专业,而不是(立即)开设一个完整的翻译培训项目。这一新专业作为既有的现代语言专业的延伸,目的是在现有欧洲语言和社会(目前是法语和德语)研究的基础上,补充与跨语言、跨文化交流过程有关的理论概念的研究。

在头两年,该项目的大部分模块与其他专业相同,主要侧重于语言和文化能力培养。由于大多数学生入学时已完成普通中等教育证书高级水平考试(以下简称 A - Level 考试)，而外语 A - Level 考试成绩良好是入学要求之一，因此大量时间实际上是用于提高二语(如果学生上的是双语专业，则为三语)的读、写、听、说等语言技能，并有大量时间用于学习语法。历史和区域研究模块(第一年)和现代德国或现代法国模块(第二年)是以培养文化能力为目标。在这两年，每年会增加一些翻译模块，包括：语言学入门、翻译基本概念及方法入门(第一年)，跨文化文本比较、语义学和翻译术语(第二年)。第三年在国外度过，可以在一所有交换项目的大学(最好是有翻译专业的大学)，也可以在一个获认可的工作岗位实习(最好是翻译机构)。国外一年的学业评估中，学生必须提交一份附有注解的翻译项目报告。最后一年，大部分模块都与翻译相关，包括高级(或：职业)翻译、专门用途语言翻译、当代翻译理论、口译(主要是联络口译)。此外，所有学生要完成一个翻译相关的大型项目(6 000 至 10 000 词之间)。

由于语言教学和历史文化问题的模块是固定的(多个专业共享)，我们必须决定在前两年提供哪些具体的翻译模块。这个决定以翻译能力的概念为指导，而翻译能力是一个复杂的概念，包括对所有相关因素的认知和有意识的反思，以产出满足目标对象特定功能要求的目标语文本。这种能力不仅需要对一语和二语的语言系统有充分的了解，还至少涉及原语和目标语文化中的交际和文本类型学规范的知识、主题和文化专有知识以及(研究)搜索技能。换言之，对翻译过程的理解至少涉及以下具体能力：

1. 相关**语言能力**；

2. **文化能力**，即有关国家历史、政治、经济、文化等方面的一般性知识；

3. **文本能力**，即关于文本、体裁、文本类型规律和规范的知识；

4. **特定领域/主题能力**，即相关主题、专业领域的知识；

5. **(研究)搜索能力**，即一般性策略能力，其目的是解决文本跨文化转换中特定问题的能力；

6. **转换能力**，即产出满足翻译任务要求的目标语文本的能力。

在最初两年，**语言能力**很大程度上通过语言技能模块实现，该模块重点关注语言结构和交际用途。这些模块旨在培养学生的二语（和三语）语言能力，但是，译员同样需要具备相应的母语能力。因此，语言学导论模块旨在培养学生对语言结构和交际功能的认识。他们要熟悉基本的语言学概念（如语素、词语、意义、言语行为、句法、语义学、语用学），讨论主要基于母语案例，同时也包括其他语言的例子，以显示相似点和差异。第二年的语义学模块也是为了促进语言能力的提高，同样以英语和第二语言案例为主。还有一些与语言学有关的选修课供学生选择（例如，法语语言学、德语社会语言学）。**文化能力**具体由上文所述模块实现，即侧重于目标语国家最近的历史、地理、政治制度、经济、社会、文化发展等。

文本能力可在语言技能模块中得到一定程度发展，学生在这些模块中用第二语言产出文本。熟知目标语文化的惯例和典型的文本结构是产出地道二语文本的前提。这种创造性写作技巧构成了最后一年书面语言模块的主要内容。在专业学习第二年，跨文化文本比较模块侧重于翻译导向的文本分析，其主要目的是让学生意识到，文本作为一种**交际活动**（de Beaugrande and Dressler 1980：3）在交际场合发挥着特定功能，交际成功与否取决于其文本构成的适当性。教师还向学生介绍体裁的概念，体裁即一种常规的、语言标准化的文本模式。学生根据一语和二语中各种体裁的样本文本（如说明书、药品说明书、菜谱、招聘信息、短新闻），练习在宏观和微观层面上识别体裁规范。通过这种方式，学生可以发现两种文化中体裁规范的异同，并讨论其对翻译的影响。

特定领域/主题能力在四年的本科教学中只能得到有限发展。第二年的翻译术语模块意在为学生介绍相关主题领域的知识与翻译的相关性，以及该领域术语在翻译中的作用。术语管理，使用信息技术工具从语料库中提取术语，建立特定领域的术语库——这些都是本模块涵盖的部分问题。最后一年关于专门用途语言翻译的模块可在前期基本知识的基础上，将反思扩展到词汇和术语之外，包括体裁规范（因此也基于跨文化文本比较模块中获得的知识）、对象和目的等方面。

分别讨论这些子能力可能会产生这样一种印象，即它们独立存在，可以分开培养。事实上，这并不完全准确，还需要结合发展这些能力的具体目的来考量。上文讨论的四种能力当然也适用于更普遍的语言专业，而**（研究）搜索能力**在学业任务各个方面都发挥着作用。在翻译课程中，我们要关注的是这些子能力之间如何互动，以达到翻译活动的目的。**转换能力**就是翻译独有的子能力，它整合其他所有子能力。转换能力是指产出满足翻译任务要求的目标语文本的能力。这里，（研究）搜索能力还有一个更具体的重点，即解决在复杂翻译活动中所遇到的问题。换言之，语言、文化、文本和特定领域/主题能力指向的是较为静态的知识（**知道是什么**）[4]，（研究）搜索和转换能力则意指动态的、程序性的知识（**知道如何做以及为什么**）。

基于以上对翻译能力的理解，我们认为，从项目一开始就关注这些子能力的交互非常重要，这就是在第一年开设"翻译基本概念及方法入门"这一模块的原因。在下文中，笔者将重点讨论开设这个模块的经验，这一讨论也将表明，对先学跑后学走的担心是缺乏依据的。

启动学生的翻译能力

在第一年开设的此模块旨在向学生介绍翻译研究的基本概念和翻译

方法,增进对理论概念的理解,这些概念是翻译过程中系统分析和决策的基础。换言之,该模块意在培养一些基本的翻译能力,为期 12 周,每周两个课时,内容如下:

1. 引言：翻译作为中介化交流;笔译和口译
2. 翻译作为一种活动的历史;对翻译和可译性的早期思考
3. 翻译的语言学路径：作为语际转换的翻译;对等原则
4. 翻译的篇章语言学路径：作为原语文本诱导下目标语文本产出的翻译;文本类型和体裁的概念
5. 功能主义翻译路径：作为跨语言、跨文化交际的翻译;翻译作为有目的的活动

这些内容在一定程度上反映了翻译研究作为一门学科的发展历程,但并不详尽。例如,近来受文化研究启发的最新发展所起的作用只是简要提及、一笔带过。在最后一年的"当代翻译理论"模块中,学生才会在阅读原始文献的基础上讨论理论发展(第一年不做此要求,当然我们也鼓励学生为准备考试进行一些阅读)。对基本概念和方法的介绍和讨论需要与实际案例和翻译练习相结合,并以法语和德语作为原语或目标语。

在第一周,我们通过一般性讨论了解学生对翻译的认识,他们有关翻译的经验,包括翻译产品和翻译活动(对一年级学生来说,主要是在学校的语言课程中做翻译练习的经验),以及他们对"好的翻译"的理解。我们通常得到的答案与非专业人士的理解相似(参见 Hönig 1995：25ff),即翻译是原文本的复制,应该尽可能准确。接着,我们会给学生一些实际存在的翻译案例,询问是否符合他们的预期,以及如何评价这些翻译。最初使用的文本之一是一份将单个部件装入较大单元的简短说明,这是一个英文译本,但行文质量不佳。第二个文本是一个酒店房间卡片上的简短信息(原语文本为德语,目标语文本为英语和法语)。基于这些文本,可以进

行有趣而有争论性的讨论，引入两种语言在语言结构、对象、文化等方面存在的差异。例如，酒店房间卡片上的文字如下：

Für Telefongespräche außerhalb des Hauses drücken Sie bitte die Taste "Amt/Self Dial" und die Taste "Rezeption" verbindet Sie mit dem Empfang.

Die Haftung für im Zimmer belassene Wertsachen und Geld ist nach BGB Bestimmungen beschränkt. Ein Safe stent Ihnen unentgeltlich zur Verfügung.

Am Tage Ihrer Abreise ersuchen wir Sie, das Zimmer bis 11.45 Uhr zu räumen.

Pour téléphoner vous pressez le buton [sic!] "Amt/Self Dial" pour une ligne extérieure et la touche "Rezeption" si vous avez des questions. L'hotel n'est pas responsable d'argent et des objects de valeur dans la chambre. A la disposition de nos clients se trouve un coffre-fort.

Le jour de départ nous vous prions de libérer la chambre avant 11.45.

For outgoing calls please press the button "Amt/Self Dial", if you have any questions touch the key "Rezeption".

You are requested not to leave money or valuables in your room, since our liability is limited by law. They may be kept in our safe, free of charge.

The day of your departure kindly vacate the room by 11.45.

　　　　拨出电话请按"Amt/Self Dial"键。如果您有任何问题，请

按"Rezeption"（前台）键。

　　　　因我店承担法律有限责任，请勿将钱或贵重物品留在房间

内。这些物品可以免费存放在我店保险箱内。

　　　　请在 11 点 45 分之前退房。

　　以下是这段文字中出现的一些问题：为什么德文只有一个词
（Taste），而法文和英文却有两个（bouton、touche、button、key）；礼貌用
语是否有差异（ersuchen wir Sie — nous vous prions — kindly vacate）；
是否有不同程度的个人介入（英文文本使用更多代词：your room、our
liability、our safe）；为什么法语文本完全没有提到法律，而德语文本却具
体提及《民法典》（BGB，*Bürgerliches Gesetzbuch*）？讨论的最终结果通常
是，鉴于这些差异，我们是否可以称之为翻译，或者是否需要另一个术语
来描述这一现象。

　　我们发现，从讨论真实翻译案例开始，将目标语文本与原语文本进行
比较效果不错；几周后，才会要求学生们自己准备译文。我们还发现，最
好不要立刻就诸如"这些到底算不算翻译"等问题给出答案，而是让学生
们自己去思考。将这些讨论与不同路径的翻译研究介绍相结合，展示不
同的翻译理论如何发展而来。在这一过程中，会反复提及最初提出的问
题和使用的样例，并根据新讲授的内容进行讨论。在此基础上，我们希望
培养学生的批判能力，让他们在翻译文本时反思自己的行为，并提供相关
论据和概念，让他们能够用语言表述翻译的过程。

　　例如，在讨论翻译的语言学路径时，我们向学生介绍（潜在的）词汇对
等的类型（完全对等、近似对等、零对等、多样化和中立化），以及比较文体
学（Vinay and Darbelnet 1958）视阈下的翻译方法。基于样例，我们要求
学生找到这些方法的例子。通过关注语言结构的差异，学生深化语言学
入门模块中所学的知识。同时，这些练习也有助于语言能力的发展。

　　讨论翻译的篇章语言学路径时，我们强调我们不是在翻译单词和句法结构，而是在翻译文本，而且是在特定语境和特定文化中理解、实现某种交际目的的文本。我们向学生介绍文本类型和体裁的概念，以及卡特琳娜·赖斯(Katharina Reiss)(1971)的以翻译为导向的文本类型学。同样，我们要求学生在各种具体文本样例的基础上识别给定文本的体裁，论证文本的主要功能，以及用于实现这一功能的语言结构。例如，在讨论一个化妆品说明文本的功能时，学生们认为，无法将该文本划分至赖斯的三种文本类型之一(即信息性、表达性或操作性文本)，因为它包含了所有三种类型的元素。通过将英语原语文本与法语和德语目标语文本进行比较，他们发现了不同之处(例如，发出指令的不定式或祈使句，个人或非个人风格，头韵或谚语)，并开始讨论这些决策的动机和效果。

　　这种比较也可用来介绍平行文本的概念，平行文本是指"在基本相同的交际情景下产生的具有同等信息量的二语和一语文本"(Neubert 1985：75)。此时，我们通常使用吹风机和咖啡机的说明书。我们向学生分发法语和德语文本，鼓励他们自己寻找英语平行文本。通过比较不同语言的体裁规范，我们可以引导学生发现文本类型学的惯例(这些惯例在各自的语言文化中可能或多或少是相同的)。在产出恰当的、功能合适的目标语文本时，必须考虑到这些因素。然后，我们要求学生将法语和/或德语文本中的一段话翻译成英语，并注意体裁规范。

　　我们还利用对翻译的语言学和篇章语言学路径的讨论，系统结合功能主义路径，让学生在讨论中意识到，每个目标语文本都有一个具体的任务目标(翻译纲要)，每个文本都处于一个各种因素相互关联的网络中(包括对象、客户、体裁规范、目的、语言)。我们向学生介绍弗米尔(Vermeer)的目的论(Vermeer 1978；Reiss and Vermeer 1984)，霍尔茨-曼塔利(Holz-Mänttäri)(1984)的翻译行为理论，以及诺德(Nord)(1988，1993)与赫尼希和库斯莫尔(Hönig and Kussmaul)(1982)的功能主义理论。

　　在这一模块中，我们还练习将翻译任务的分析作为产出功能适切译文的第一步。翻译任务分析是指明确目标语文本的目的和功能（包括目标语文本的使用情境、对象及其对主题背景知识和文本类型规范的了解）。第二步是对原语文本进行以翻译为导向的分析，即根据翻译任务的背景，将原语文本作为具体语境和文化中的文本进行分析。这种翻译前对原语文本进行分析的目的是确定具体的翻译问题，从而决定最合适的翻译策略。我们通过这种方式强调翻译的前瞻性，这与关注原语文本的回溯性指向相反，后者关注的是尽可能忠实再现原语文本（也就是学生们从以前学校经验中学到的唯一方法）。他们意识到，翻译是为了寻找符合具体语境和情境的词汇和句法结构，而不仅仅是替代形式上的对等表达。因此，学生也意识到，对原语文本的近似再现可能是一种翻译任务，但绝不是唯一的任务。换言之，根据翻译的目的，直译、逐行对照翻译、交际翻译和改译都是同样正当的翻译程序。

关于翻译问题，我们指的是诺德提出的四种主要翻译问题（Nord 1988），即语用性翻译问题（如文化负载词、时间和地点的指称、专有名词）；跨文化翻译问题（如度量规范、文本类型规范）；语际翻译问题（如两种语言的词汇、句法和超语段特征的差异）；特定文本翻译问题（如押头韵，文本的词汇域）。我们也就处理这些反复出现的翻译问题的策略展开讨论。

这一模块的目的也可看作让学生充分认识到译员作为跨语言和跨文化翻译专家的作用。译员若要充分有效地发挥这一作用，需要具备以上论及的所有子能力。关于（研究）搜索能力，即填补任何感知到的知识空白所需的机制和程序性知识，我们会讨论译员可用的大量资源（如字典类型、数据库、百科全书和其他参考书、平行文本、互联网、人力资源）。我们还向学生们介绍一些翻译的电子工具（如搜索引擎、在线每日报道、欧洲多语种词汇库、机器翻译软件）。我们还用实例对目前互联网上可用的机器翻译软件（如 Babelfish）进行测试和评估。

那么，我们最初设定的目标是否实现了呢？为了回答这个问题，我们可以看看这个模块的考试结果。评估由两部分组成，即翻译和口试。学生们将自己选择的一篇约 250 词的文章（法语或德语）译成英语，并在口试前提交。他们还须为自己的目标语文本选择一个具体目的（即确定一个现实的翻译纲要）。由于该项目旨在培养初步的翻译能力，因此考试目的就是测试所达到的能力水平，即产出适合其预期目的的目标语文本的能力，这就需要确保职业环境的必要条件得以满足（例如，获取所有可用资源）。

口试大约持续 20 分钟。学生要对原语文本中遇到的具体翻译问题进行评论，并能结合课程中讨论的理论概念和方法路径解释他们所采取的翻译策略。在口试中，学生应对翻译纲要进行批判性思考，开展以翻译为导向的原语文本分析，并对解决翻译问题所选择的策略进行可信的论证。所谓"可信的论证"是指说明（必要时还需进行辩护）自己的（研究）搜索过程。例如，展示自己如何利用平行文本、互联网搜索引擎、人力资源等。

这类考试的结果激励人心。诚然，目标语文本的实际质量往往尚待提高，但我们面对的是仍在习得语言（即语言能力）的一年级学生。在口头讨论中，学生们的表现相当成功，可以作为他们已经习得初步翻译能力的证据。在产出目标语文本时，学生们必须考量文本和语境，思考选择词语和结构的根本目的，考虑对象和体裁规范。通过这种方式，他们也获得了语言、文本和文化知识。

结　　论

如前所述，经过四年的学习，学生尚不能成为合格的职业翻译，毕业时，他们将获得现代语言与翻译研究的学士学位。对于希望从事职业翻译工作的学生来说，最好且有必要继续学习翻译研究的研究生课程。有了第一学位，这些学生就有足够资质成功完成这样的课程。事实上，由于已经获得基本的翻译能力,他们可以通过巩固和提升现有知识和技能从研究生课程中得到最大收获。或者,如果他们毕业后就立马成功入职翻译公司,他们会发现,相比于仅有语言学位的毕业生,自己为真实的职场生活做好了更充分的准备。

现在让我们回到关于翻译能力"走还是跑"的争论。这个观点的初衷显然是为了反映一个婴儿的发展阶段,得先学会走,然后才能跑。那么,在这个类比中,走对应的是语言能力,而跑对应的是翻译能力,这也是为了说明知识和技能获得的连续性阶段。但我们要问:这是不是一个恰当的比喻?似乎只有当人们把语言能力看作翻译能力的唯一先决条件时,这种比喻才会适用。走和跑是两种类型的身体运动,主要差异体现在速度上。然而,翻译能力不仅仅是一种强化了的语言能力,它要复杂得多。正如一年级入门模块的结果所证明的,在学生完全娴熟掌握两种语言之前,培养一些初步的翻译能力既是可能的,也是可取的。

诺德(Nord)(1996)认为,我们常常期望学生的翻译产品质量上乘,但译员成为专家并非一蹴而就。她把翻译技能比作打排球或编织所需的技能,认为要掌握所有的规则和技能需要时间。这个比喻似乎比走与跑的争论更为恰当。译员培训不仅仅是一项产生技能的活动,它还需要理论框架和基础。如果没有任何关于翻译的基本概念和方法路径的知识,学生们就无法知道他们的劳动成果(即目标语文本)如何才能适当地发挥作用。然而,如果他们能从学习一开始就明确了解什么是翻译,翻译能力包括什么,这些知识将有助于他们在产出目标语文本时做出明智的决定。

注　释

1. 在提及美国的情况时,赖特(Wright)(1996:344)谈到"语言教学专业总体上未能培养出能够为政府和业界提供现实工作所需技能的语言人才。[……]业界和政府没有认识到，笔译和口译是一种职业活动"。这一点同样适用于英国。换言之，市场需要译员，但客户往往不要求译员获得特定的翻译学位。

2. 本文讨论的"现代语言与翻译研究"本科专业于1997年在阿斯顿大学推出，是英国第一个此类本科专业。

3. 必须承认，作为语言专业的一部分，一些大学开设职业翻译入门课程。然而，与一般的专业结构相比，这样的单一模块只能提供一些非常初级的职业翻译入门知识。

4. **静态**并不意味着"固定"和"不可改变"。知识本身是一个动态的概念，能力也是如此。此处的区分只是出于方法论考虑。

参 考 文 献

Anderman, G. 1998. "Professional training and the profession: Europeanisation of translators' training". *Bulletin of the Institute of Translation and Interpreting* June: 5 – 6.

Beaugrande, R. de and Dressler, W. 1980. *Introduction to text linguistics*. London: Longman.

Holz-Mänttäri, J. 1984. *Translatorisches Handeln: Theorie und Methode*. Helsinki: Suomalainen Tiedeakatemia.

Hönig, H. G. 1995. *Konstruktives Übersetzen*. Tübingen: Stauffenburg.

Hönig, H. G. and Kussmaul, P. 1982. *Strategie der Übersetzung*. Tübingen: Narr.

Neubert, A. 1985. *Text and Translation*. (Übersetzungswissenschaftliche Beiträge 8). Leipzig: Enzyklopädie.

Nord, C. 1988. *Textanalyse und Übersetzen*. Heidelberg: Groos.

Nord, C. 1993. *Einführung in das funktionale Übersetzen*. Tübingen: UTB.

Nord, C. 1996. "'Wer nimmt denn mal den ersten Satz?' Überlegungen zu neuen Arbeitsformen im Übersetzungsunterricht". In A. Lauer, H. Gerzymisch-Arbogast, J. Haller and E. Steiner (eds), *Übersetzungswissenschaft im Umbruch: Festschrift für Wolfram Wilss zum 70. Geburtstag*. Tübingen: Narr, 313 – 327.

Reiß, K. 1971. *Möglichkeiten und Grenzen der Übersetzungskritik*. München: Hueber.

Reiß, K. and Vermeer, H. J. 1991. *Grundlegung einer allgemeinen Translationstheorie*. (Linguistische Arbeiten 147). Tübingen: Niemeyer.

Schäffner, C. 1998. "Qualification for professional translators: Translation in language teaching versus teaching translation". In K. Malmkjaer (ed.), *Translation and Language Teaching*. *Language Teaching and Translation*. Manchester: St Jerome, 117 – 133. *Syllabus and Advice to Candidates*. 1996. published by the Institute of Linguists.

Vermeer, H. J. 1978. "Ein Rahmen für eine allgemeine Translationstheorie". *Lebende Sprachen* 23: 99 – 102.

Vinay, J.-P. and Darbelnet, J. 1958. *Stylistique Comparée de l'Anglais et du Français*. Paris: Didier.

Wright, S. E. 1996. "Translator Training 2000: Market-oriented content in a political context". In A. Lauer, H. Gerzymisch-Arbogast, J. Haller and E. Steiner (eds), *Übersetzungswissenschaft im Umbruch: Festschrift für Wolfram Wilss zum 70. Geburtstag*. Tübingen: Narr, 343 – 355.

翻
译
能
力
发
展
研
究

译者能力发展中的文本选择：为何旅游行业文本是适合的材料

多萝西·凯莉
格拉纳达大学

引 言 及 背 景

本文拟探讨大学译者培训课程中的文本选择标准，并以旅游行业文本这一类特殊的文本类型作为出发点。在开始讨论为何在（西班牙）格拉纳达大学的普通西语-英语翻译模块中引入旅游业文本之前，先简要介绍一下该模块的学术背景。这是四年制口笔译本科课程中第二年的模块，也是学生在完成三种工作语言（母语加两门外语）、相关区域研究、面向翻译的语言学入门，以及文献研究、计算机技能等工具性技能的一年基础课程之后，首次接触实际的翻译实践。因此，这一模块实际上是对翻译实践技能的介绍，另外包含一个英语-西班牙语翻译模块，以及一个翻译研究模块。根据大学的入学制度要求，学生们都以英语为第一和主要外语，第一年也学习了英语语言课程，但他们的英语水平参差不齐。不过整体而言，学生基本都能用英语产出相对正确、容易修改的文本，这一点可作为参加译成指定外语模块的最低必要水平，与其他模块相结合，培养学生成长为未来的职业译员[1]。

在此，有必要对我自己坚定的信念做一简要补充说明，该信念恰与麦卡莱斯特（McAlester）（1992，1997），桑切斯（Sánchez）（1994，1997），毕比（Beeby）（1996），诺布斯（Nobs）（1996），韦（Way）（1996）等学者的不谋而合，即认为译入非主要语言或非母语，不仅是许多国家和地方翻译市场的职业需要，也是一种有益的培训练习。**逆向翻译**可以让学生摆脱其对译入母语问题的典型解释：即翻译的困难主要在于理解外语原文。从母语译出文本时，他们会意识到，**理解原文**首先不仅是一个语言问题，也是一个概念和背景知识的问题，因此也是一个文献研究的问题。他们也会意识到，翻译困难并不止于此：用外语重新表述时遇到的困难更大，他们会更加关注重新表述的过程，关注寻找合适的文本和语言形式，学会使用诸如平行文本（见下文）等资源来实现这一目的。

这一译入学生第一外语的入门模块基本分为三个部分：第一部分（10至15小时）包括简短的译前和入门练习，旨在帮助学生形成应对不同翻译委托任务的方法，特别是摆脱逐字逐句的忠实翻译（参见 Kelly 1997a，1997b；Sánchez 1994，1997；Nobs 1996；Weatherby 1997 对这些练习的描述）。第二部分重点关注文化指涉的翻译，特别是针对英语受众（英国、美国，及其他说英语的国家；英语作为国际语言）的西班牙文化指涉。该类翻译虽然不可避免地存在于课程其他模块中，但并不是那些模块的重点，因此我们决定将其作为本模块的主要内容之一。第三部分也可被视为第二部分的延伸，即旅游行业文本翻译。本模块采用的基本方法是翻译的功能主义路径，笔者认为这一路径特别适合翻译能力，特别是译入外语的技能培养。本模块的总体目标可概括为帮助学生发展必要技能，以承担不同类型的翻译任务，分析翻译情境，并采取适合情境的解决方案，特别强调学生应意识到原语文本读者和目标语文本读者之间存在文化差距，而译员有责任弥合这一差距。

文本选择标准

本文的主题是在以上背景下旅游文本的使用。值得一提的是，我们大学文学院的一位语言学教授第一次听说我们的课程中使用了这种与大学格格不入的材料时，反应非常强烈，这当然是因为某些领域的人一直认为只有文学翻译才值得在大学中占有一席之地！对于从事大学翻译教学的人来说，这种反应并不鲜见，在翻译学科中也几乎没有必要对使用这一材料进行辩解。但是，如果翻译培训要系统有效，就有必要反思为什么我们要选择某些文本类型、体裁或来自某些领域的文本。

一些学者（Reiss 1971；Hatim 1984；Nord 1991，1997 等）建议，翻译课程应按文本类型来组织，尽管他们的分类法并不一致，而且一般来说，除了将文本归入一种或另一种文本类型之外，很少有关于文本选择实际标准的论述。翻译培训教师肯定都遇到过在课堂上**根本无法使用**的文本，而且也都想知道原因为何。笔者认为文本选择是教学活动中最重要的方面之一，但却不受重视、被随意处理（而且颇有根据！），真是令人感到沮丧。我们常常听到，也常自己做出这样的概括：文本必须反映职业市场需求；在早期阶段，或从母语译出时，要选择信息性文本而非表达性文本；选择的文本应能说明具体的翻译问题。

至少在某种程度上，这些都是合理的考虑因素，但是否基于这些考量，任何可以成为职业翻译任务、碰巧包含了隐喻、专有名称，或任何其他特定翻译点的信息性文本，对初学者或任何其他课程都是合适的呢？笔者对此并不认同。学生和教师[2]都处在一个复杂的学习过程中，有多重因素在起作用。下文将试图梳理旅游行业特定文本在总体上以及在特定情境中使用所呈现的不同优点。当然，这类文本由不同的文本体裁和子体裁组成,这正是它的优点之一。限于篇幅,我们无法详细分析这些体裁和子体裁,只能将这类文本视作一个整体。

主题的连续性

首先,笔者在翻译培训方面的经验表明,如果在一段时间内处理的主题或领域具有一定的连续性,换言之,教师没有频繁地从一个主题领域跳到另一个,特别是在学习过程的开始阶段,学生就更容易发展出从事不同翻译委托任务的能力。保持主题领域的相对稳定,可使课堂内容集中在翻译过程的特定方面,从而既构成该模块的实际重点,又依据特定的教学目的而加以变化。在此方面,旅游业是一个理想主题,它不仅能够实现这种连续性,而且富有变化,从而避免了不利于学习效果的枯燥重复。

职 业 相 关 性

其次,旅游业是西班牙经济中最重要的领域之一,特别是我们大学所在的安达卢西亚地区。旅游业本质上也是跨国、跨文化领域,涉及大量翻译工作。从这一需求角度来看,显然需要翻译人员胜任这一领域的工作,而满足这一需求无疑是大学的社会职责之一。第三,从市场供应方面来看,从迄今为止提到旅游翻译的少数学者(Duff 1981 或 Newmark 1988,1991,1993 等)的观点可以看出,在西班牙和其他国家都出现旅游行业翻译质量较差的趋势。部分原因是他们很少请职业译员进行翻译,而是由多少有点资质的业余人员进行翻译,他们的水平参差不齐,通常能力不足,无法胜任所承诺解决的交流问题。选择旅游业的第三个原因也是出于职业考虑:当下需要更多的职业译员参与相关翻译活动,需要培养未来职业译员对这一需求的认识,也是为了对市场进行**教育**。

职 业 真 实 度

除了市场对优秀职业译员（无论是有意还是无意）的需求之外，在我们的课程中包含这类文本还有一个原因，即我们认为，为了培养学生的职业能力，课堂上使用的文本通常应尽可能接近真实的职业情景。因此，选择旅游行业文本的第四个原因是，它们是真实的、从职业角度看具有可译性，且被人翻译过的材料，而不是人为制造的练习。但在这一点上，有必要做一些细微区分。一些学者（如 Gouadec 1989，1994 或 Kiraly 1995）提出，课堂经验越接近真实的职业经验越好，这种观点也许不能作为所有学习阶段的绝对标准。显然，培训未来的法律、商业、科学、技术或旅游文本翻译的最佳方式的确是在培训期间使用相关领域的文本，特别是翻译市场上最常见的特定体裁。然而，以培养特定的翻译意识或能力为目的，并不意味着其他类型的文本（如在目前职业市场上占比很小的文学文本）不能在译员培训中发挥作用。

正如笔者所言，并非所有课堂上使用的文本都要一味反映职业市场的主要需求领域，同样，更重要的一点是，职业化导向的培训必须考虑到，对学生来说，这是一种学习经历，因此，必须注意不要过早对他们提出过多要求。关于成品质量或翻译时间的职业要求必须服务于实际的学习过程，在培训的早期阶段尤为如此。笔者经常发现，学生很容易沉迷于职业领域的某些方面（特别是快速翻译，或涉及的工具性技能：文字处理软件、桌面出版或如何提交成品等形式方面的工作），而忽略了如何做好翻译，解决实际的翻译问题，如弥合文化差异或尊重目标语文本功能等。在培训的早期阶段，质量重于数量。事实上，质量是数量的前提条件：产出的文本如果质量不过关，数量再大也是毫无意义的。

难 度 分 级

简而言之,笔者认为为课堂活动选择的文本(或翻译情境)应在体裁、领域、翻译纲要等方面尽可能真实,但也并不绝对,应根据学生所处的学习阶段,对其提出相应要求(参见 Nord 1991)。在培训后期,为真正的委托人提供真实的职业服务也很有必要(如 Gouadec 1989, 1994 所建议的那样,以工作实习的形式,甚至可以与接受职业委托的系或学院合作)。除了上述第四个理由,即旅游行业文本在此方面的适切性,因为它们代表了地方、区域和国家的翻译市场,还应补充第五个理由:如前所述,旅游行业文本由于种类多样,可以(根据主题、语言难度、专业化程度)进行难度分级,可用于培训的早期阶段。

文 本 经 验

鉴于学习过程要循序渐进,现在来谈谈选择这类文本作为课堂活动基础的其他原因。文本规范知识是学生应培养的跨文化文本能力的一部分,具有重要意义。在最初阶段,能力的发展以及与之伴随的知识获取均取决于学生之前的文本经验。韦瑟比(Weatherby)(1997)曾讨论过她的学生文本经验不足的情况,指出这限制了他们对文本规范的认识。她建议在处理原语(母语)文本前要接触大量目标语文本(她的案例与我们一样,目标语都是外语),这样有利于识别原语/文化规范及其与目标语/文化规范之间的差异。同时以这种方式讲解平行文本的概念、平行文本对译员的作用以及它们的局限性。笔者也曾大量使用平行文本(见 Snell-Hornby 1988),并发现这对从母语译出的任务十分有效,因为学生需要建立起译出地道目标语文本的自信。如果先从学生至少表面熟悉的文本开始,然后再进入超出他们文本经验和生活经验的文本类型或体裁(提单、合同、科学论文），那么，理解文本规范的整个过程及平行文本的作用就更加容易。因此，使用旅游行业文本的第六个原因是，它们可能已经构成了学生有限文本经验的一部分，从而有利于引入与原语文本分析、翻译情境分析以及不同翻译解决方案相关的概念。

文 本 功 能

回应上文提及的学者对译员培训的文本类型或文本功能分类法的建议，文本功能是选择旅游文本的第七个原因。这些文本通常在某种程度上结合了信息性功能和操作性或呼唤性功能[3]，而大多数学者认为这些类型文本更适合培训的早期阶段。此外，学生可以识别这些文本使用的情境，因此能相对容易地吸收其中的文本功能概念；这些文本所使用的情境也为学生所熟知，学生能够分析每个单独文本的主要和次要功能，从而意识到文本功能作为目标语文本产出中首要决策标准的重要性。

内 容 可 理 解

除了文本规范和功能之外，第八个原因是，旅游主题对于处在学习过程早期阶段的学生而言更易理解，因为大多数文本面向的是对所涉主题有一般认识的公众，通常不需要什么专业知识就能理解。

文献查证的必要性

当然，上述一点并不意味着旅游文本不存在理解问题或文献和术语查证问题。恰恰相反，这构成了此类文本在培训早期阶段的另一个优势，也是笔者选择它们的第九个原因。这些文本虽然很少是针对专业读者的，但可能涉及许多不同的主题（从体育和休闲活动到会议组织，再到艺术史、建筑或民俗），偶尔也有角度相当专业的情况（专家向外行人进行介绍）：例如，对阿尔罕布拉宫建筑壮观程度的描述，或对赫雷斯生产的各种雪利酒卓越品质的描述。这种在一个主要领域内包含的多样性内容和文本类型会使课堂变得丰富多彩，教师能够借此介绍一些在翻译中应用文献和术语查证技能的基本概念。在笔者的案例中，为促进学习过程，我们将主题中使用的文本限制在格拉纳达市和格拉纳达省，这里旅游资源丰富（沿海、山区、农村、文化和会议旅游均包含在内），这意味着学生们往往已经熟悉文本中提到的纪念碑、村庄、菜肴或习俗；即使不熟悉，也能很容易地去参观或在当地获得有关信息，这样学生就可以亲身体会到研究和主题知识对译员的重要性。一旦学生掌握了文本规范，能够对相对容易理解的文本进行文献和术语查证，他们就能更加容易进入离自己个人经验较远的文本，如上文列出的那些文类。因此，旅游文本可为培训过程的下一阶段做好准备。

非 语 言 因 素

使用旅游文本的另一个好处是，它们涉及了译员职业活动的其他重要方面，而这些方面在培训课程中往往易被忽视。其中一个，也是笔者的第十个原因，是书面文字和图像（照片、图画、地图等）的结合，各种元素相互依存形成一个整体，有时为译员工作提供了便利，有时又产生严重阻碍。

原 文 质 量

第十一个原因是原文质量问题，这在处理旅游领域的西班牙语原文本时不可避免。许多原文在写作时没有考虑到读者或文本应发挥的社会功能，在表达形式上往往过于烦琐，文风过时，有时甚至出现拼写和其他错误。功能主义翻译路径为译员面临的这一棘手问题提供了坚实的理论保障，即译员对原文的**处置权**（licence），这是学生常常难以应对的问题。在该模块中刻意使用这些奇怪而又质量欠佳的原文，能够让学生通过自身的翻译经验体会这些理论和伦理问题。

人际交往能力：译者和委托人

以上两点也引出译者和委托人之间关系的问题，即第十二个原因。目前有一种趋势（至少在西班牙市场上），译者看不到待译文本附带的照片、插图等信息。而这些信息的重要性凸显了在此方面进行客户教育的必要性：可借此机会向学生介绍译者应对委托人提出什么要求，以保证有效完成翻译任务。第二个问题（原文质量）也涉及译者与客户关系问题。要让学生意识到（如通过教师的角色扮演），不仅需要客户教育，还需要交际手段（diplomacy），因为通常情况下（特别是在小城镇和村庄），委托人也是原文本的作者，可能不希望听到别人说原文写作质量不高！因此，学生要学习在不同层面上为自己的译文辩护：向同学和老师（不同程度的翻译**专家**），以及向原文本的（模拟）作者和翻译委托人（非专家）做出解释。这样学生们就可以了解到自己在翻译所构成的复杂社会交流情境中所扮演的角色。在此方面，诺德（Nord）（1991）有关原文发出者、作者以及翻译发起人之间的区别很有借鉴意义。

培养学生的信心

最后但同样重要的第十三个原因是，随着学习过程的进展，选择旅游文本有益于增强学生的信心。一些学者（Kiraly 1995；Kussmaul 1995）认为，传统的翻译课堂对培养学生的自信心非常不利，因为大多数评价是基于学生所犯错误，属于负面评价。自信心的建立在任何学习中都必不可少，只有根据学生水平的细化分级对其提出相应可行的要求，才能帮助学生建立自信，这在译出母语的情况下可能更为迫切。在此,简单介绍一下我们在课堂上提升学生自信心的一个方法。学生先在课堂上或小组中翻译一段旅游文本,然后再对同样文本已发行的译文进行翻译批评练习,这样学生可以发现,他们完全有能力(在母语人士,通常是交换生修改之后)产出符合职业要求的(可发行的)译文,而且很多时候自己的译文比每年格拉纳达省成千上万的游客使用的实际译文还好:这显然是对他们坚持下去的鼓励!

注　　释

1. 麦卡莱斯特(1992,1997 及本书收录文章)提出以**可修订**的标准作为翻译,尤其是从译员母语或主要语言译出的翻译的评估基础,这无疑构成了培训项目中用于评估的一个虽非唯一,但确有价值的衡量标准。

2. 笔者清楚有些学者(如 Kiraly 1995)不喜欢**教师**(teacher)这个词,他们认为这个词反映了学生在课堂上的被动角色。在此使用这一指称并非取其传统意义上的理解(笔者坚信学习过程必须是学生主动的),而是因为缺乏更好的、普遍接受的术语。

3. 笔者使用的分类源于比勒(Bühler),并已由纽马克(Newmark)(1988)和赖斯(Reiss)(1971)等学者引入翻译,而这些学者在其他方面与比勒关联甚远。

参 考 文 献

Beeby，A. 1996. *Teaching Translation from Spanish to English: Worlds beyond Words*. Ottawa：University of Ottawa Press.

Duff, A. 1981. *The Third Language*. Oxford: Pergamon.

Gouadec, D. 1989. *Le traducteur, la traduction et l'entreprise*. Paris: Afnor.

Gouadec, D. 1994. L'assurance qualité en traduction — perspectives professionelles, implications pédagogiques. Plenary address at the 1st International Congress on Translation and Interpreting: Present Trends, Universidad de Las Palmas.

Hatim, B. 1984. "A Text-typological approach to syllabus design in translator training". *The Incorporated Linguist* 23: 146 – 149.

Hatim, B. and Mason, I. 1997. *The Translator as Communicator*. London: Routledge.

Kelly, D. 1997a. La traducción inversa en los planes de estudios de Traducción e Interpretación. Paper submitted to the 1st International Congress on Translation and Interpreting: Present Trends. Universidad de Las Palmas.

Kelly, D. 1997b. "La enseñanza de la traducción inversa de textos 'generales': consideraciones metodológicas". In M. A. Vega and R. Martín-Gaitero (eds), *La palabra vertida: Investigaciones en torno a la traducción*. *Actas de los VI Encuentros Complutenses de la Traducción*. Madrid: Universidad Complutense, 175 – 182.

Kiraly, D. 1995. *Pathways to Translation: Pedagogy and Process*. Kent: Kent State University Press.

Kussmaul, P. 1995. *Training the Translator*. Amsterdam/Philadelphia: Benjamins.

McAlester, G. 1992. "Teaching translation into a foreign language — status, scope and aims". In C. Dollerup and A. Loddegaard. (eds.), *Teaching Translation and Interpreting: Training, Talent and Experience*. Amsterdam/Philadelphia: Benjamins, 291 – 298.

McAlester, G. 2000. "The time factor: a practical evaluation criterion". In M. Grosman et al. (eds.), *Translation into Non-Mother Tongues*. Tübingen: Stauffenburg.

Newmark, P. 1988. *A Textbook of Translation*. Hemel Hempstead: Prentice Hall.

Newmark, P. 1991. *About Translation*. Clevedon: Multilingual Matters.

Newmark, P. 1993. *Paragraphs on Translation*. Clevedon: Multilingual Matters.

Nobs, M.-L. 1996. "Contra la literalidad gratuita: ejercicios preliminares a la traducción inversa (español-alemán)". In M. Edo Julià (ed.), *Actes del I Congrès Internacional sobre Traducció, abril de 1992*, (2). Bellaterra: Universitat Autònoma de Barcelona, 409 – 415.

Nord, C. 1991. *Text Analysis in Translation*. Amsterdam: Rodopi.

Reiss, K. 1971. *Möglichkeiten und Grenzen der Übersetzungskritik*. Munich: Hueber.

Sánchez, D. 1994. Problemática de la traducción inversa: implicaciones didácticas. Paper submitted to the 1st International Congress on Translation and Interpreting: Present Trends, Universidad de Las Palmas.

Sánchez, D. 1997. Translation into non-mother tongues: How possible is it? Paper submitted to the Translation into Non-Mother Tongues Conference, University of Ljubljana.

Snell-Hornby, M. 1988. *Translation Studies: An Integrated Approach*. Amsterdam/Philadelphia: Benjamins.

Way, C. 1996. Translating across legal systems: problems posed in translator training. Paper submitted to the Second International TNE Conference, Budapest.

Weatherby, J. 1997. Striving against literalist fidelity in L1 – L2 translation classes (Spanish-English). Paper submitted to the Translation into Non-MotherTongues Conference, University of Ljubljana.

翻译研究的培训策略

罗纳德·J. 西姆
SIL(内罗毕)①

引　言

　　本文将关注技术翻译的一个特殊案例,即《圣经》翻译。尽管这一主题属于宗教领域,却值得所有关心译员培训策略的人士予以持续关注。《圣经》翻译是当前翻译概念的主要思想源泉之一,而译入少数民族语言这一特殊现象对当前翻译研究议题有着持续和普遍的贡献。

　　在非洲的基督教机构中,现有的培训课程明显缺乏有关受众语言(Receptor Language,RL)的内容,这些课程通常主要面向布道坛、街角或家庭和工作中的日常口语交流。**宗教信息**可用当地民族语言或非洲通用语言表达,或者译入这些语言。尽管非洲民族国家、典型社区和教会中具有语言多样性,但神学培训机构的课程不包含口笔译课,直到现在也无人认真关注社会中多语言并存所带来的问题。由此可见,翻译的具体问题尚未

---

① SIL(Summer Institute of Linguistics,美国国际语言暑期学院)是一个国际性、非牟利、宗教性的科学组织,主要研习、开发及记录一些比较鲜为人知的语言,借以扩展语言学知识、提高世界识字率及扶助少数族裔的语文发展。——译者注

引起关注。

《圣经》翻译在基督教背景下得到持续重视,但面向非洲译员的翻译培训项目往往仅限于几周的入门课程和讲习班、非正式的在职培训,同时提供大量咨询服务。主动权和技术专长在很大程度上仍然掌握在国际机构手中。

20世纪80年代末,一系列推动非洲人才培训项目的措施落地,以支持非洲大陆在《圣经》翻译方面的持续努力。学生来自各个社区,因而母语各不相同。教学用英语进行,但英语往往是学生的第二、第三甚至第四语言。

1990年开始教学,开设学士和硕士课程,整合到已有的神学培训机构中。这些课程旨在为个人提供正式培训,使之能够:

1. 领导非洲各民族语言社区的翻译和扫盲项目,或为其做出实质性的技术贡献;

2. 重点对非洲语言进行基本的描述性语言学分析,为将主要文学作品译入这些语言奠定基础;

3. 将《圣经》翻译成非洲各语言。

入学条件不要求学生接受过翻译方面的正式培训或具备实践经验。这就需要课程本身相对完整。

本文的目的是对内罗毕采取的培训策略进行概述,以激发更多关于少数民族语言译员培训策略的讨论,其意义超出了对《圣经》的具体关注。本文关注的是如何将文化上的外来专门文学翻译成缺乏强大文学传统的语言,这与译员密切相关。这类目标群体的限制将影响培训项目的性质。

译员培训核心要点

任何一个翻译项目在逻辑上都应涵盖如图1所示的基本技能。

毋庸置疑,每个译员都需具备两种语言能力,以及对两种文化直觉的

(如果不是有意识的)掌握。任何人类语言的表述都是在社会文化假设直接影响其内容的情况下形成和被理解的。翻译本身是一系列额外技能，使用两种语言和文化的已有知识，从而实现交流内容的转换。

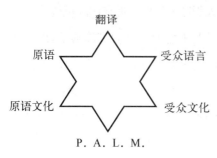

图 1：译员培训核心要点

图中六角星的第六个点 P.A.L.M.涉及实践技能，具体表现为规划（planning）、行政（administration）、领导（leadership）和管理（management）技能。这在许多职业翻译活动中可能是隐蔽的，但在实践层面却必不可少，而且必须予以显化，以保障基层培训项目的成功。

在实践中，许多翻译项目都打破了图 1 所示的平衡，译入第一语言为多数项目的常规操作。在很大程度上，有关受众语言和受众文化（Receptor Culture，RC）的研究严重不足，或至少停留在直观感受层面，要么视母语能力为理所当然，要么通过某个培训课程与翻译能力一起培养。《圣经》翻译机构提供的培训课程通常默认为逆向翻译，并尽量减少（或外包）原语和原语文化研究。神学传统似乎总是想当然地认为，只要掌握原语、能流利使用受众语言就足以完成翻译，而忽略了翻译是一门学科。在此基础上，固然也有不错的作品，但把欧洲经验中得出的假设推广到类型不同、文化传统各异的少数民族语言中是很危险的。内罗毕项目非同寻常的一点是，上述所有技能都在设计的课程中得到培养（参见 Sim 1990，1995）。

培 训 目 标

翻译通过综合运用不同学科的知识和技能来实现其目标，译员的个人**意识形态**,不管是何种信仰流派,也会产生影响,但本文暂不论及。

将圣典文学译入三分之二世界(在宗教界指拉丁美洲、非洲、亚洲及大洋洲——译者注)的少数民族语言,不同于通常的翻译,因为原语和受众语言都较为少见。

通常没有现成的文学或正字法传统可供借鉴,以前的语言学研究也不够详细,无法提供足够的参照基础。内罗毕项目并不关注特定受众语言,而是关注所有语言。在该框架下,受众语言研究应是开放的、归纳式的,而非针对特定语言的,同时必须为翻译提供适当的基础。语言学技能应包含译员在识字率低或全文盲的社区处理无书写文字、尚未被研究的语言的能力。

最理想的情况可能也只有零星的人类学或文化研究,不可能充分解答译员翻译时的问题。原语是这些语言的早期变体,相隔时间较长,现在已经没有说该语言的母语者或语言社区,因此无法进行直接的经验观察。即使礼拜仪式中使用这些原语(如在犹太教堂或希腊东正教社区),也很少存在所谓的语言社区,也谈不上有母语能力。对这些历史上较早语言变体细微之处的理解,只能通过对特定语料库的间接研究来实现,无法诉诸母语者的直觉。

但另一方面,这些语言在很长时期内一直是研究的对象。从古典时代到今天,相关研究产生了大量文献。此外,当这些语言作为圣典文学的载体时,围绕经典出现了释经传统,构成了对经典文本的元语言反思。这种研究传统让我们有机会接触到语音学(除了影响原语文本的诗意效果外,与翻译关联甚微)、句法(尤其是较低级别句法)、修辞学(至少与现代的话语和语言语用学的兴趣相类似)和语义学。对古典希腊语的反思更加完整,也更有条理;对科因希腊语(Koine Greek)、圣经希伯来语(或称密西拿希伯来语)而言,来自言语社区和当代的语言学反思则较少。

我们对原语文化的了解也主要来自这一丰富的传统,但依然片面。只有通过对历史资料的研究,而非经验观察,我们才能拓展这一知识。

将内罗毕项目纳入基于非洲语境、提供神学教育的大学,就意味着《圣经》语言、《圣经》研究和文化研究均由相应领域的专家提供。整个课程以这些内容为基础,此外辅以受众语言研究和翻译研究。

那么,在原语和受众语言及文化相对较少的情况下,翻译研究项目应该培养什么样的技能呢?

总 体 目 标

就《圣经》的原语和原语文化而言,熟悉不同时期的版本显然必不可少,同时也需要掌握现有资源和研究工具;拥有获取大量文学经典相关知识的手段,以及作为合格的(但不是创新的)释经者独立开展研究并从现有研究中获益的技能。为了简洁起见,在本文中我们将忽略对中介语言,即英语、法语或类似语言的依赖,也不讨论大部分释经学传统的中介性质。《圣经》研究中的释经学在很大程度上是一门团体性学科,译员要遵循大多数人的意见,而不是提出新的创新性替代方案。

在受众语言方面,培训应提供在跨语言类型学框架内,对研究不足的语言进行描述性研究的工具,并培养译员在必要时对各种语言层面开展实证研究的技能,包括语音学、句法学、语义学和修辞学。

同样,培训旨在提供文化研究和人类学研究工具及其知识体系,并培养在选定的文化相关领域进行研究的技能。请注意,受众语言和文化描述性研究的工具应能迁移到对原语和原语文化的研究上。

主要目标是在《圣经》翻译的各个方面培养基本的准职业能力,并为个人的进一步发展打下基础。这一目标有其现实性考虑,即完全的职业化需要经验累积,不能仅仅依靠教育或培训。该项目包含语言学、翻译、跨文化研究、《圣经》语言、《圣经》研究、领导力和规划等学科的基本目标,每个领域都有大量的知识,各种分析工具和方法,以及使用这些工具的隐含技能。在翻译中,知识、工具和技能需要综合应用于各个相关学科。第二个总体目标涵盖学习的情感方面,但本文暂不论及。

接下来,我们将确定六角星(图 1)每个组成部分的基本学习目标。除了确定总体目标外,在项目开始时,各课程文件也会阐明其具体目标。目标分为三类:对每个相关学科知识体系的认知;完成相关任务的实践技能;针对《圣经》翻译作为学科的专业规范,建立理想态度和信念的情感目标。上述目标均具体通过教学课程实现。很少有课程对本学科做出独立的贡献,大多数课程都与其他必要组成部分保持一种互补关系。很明显,下文所列的一些目标可设置在不止一个学科领域中:这是将各个研究领域整合到翻译研究项目中的一个标志。

原　　语

主要目标是让学生获得足够的《圣经》语言能力,以参与希腊文或希伯来文的注释工作,并为自己进一步研究文本**意义**提供基础。在内罗毕项目中,语言类型学、功能语法、社会语言学、语义学和语用学都有助于理解文本。

受 众 语 言

内罗毕项目的语言学部分在功能语法框架内提供了强大的描述性而非理论性元素,其主要目标是让学生在跨语言层面上获得对受众语言资源的自觉和对比意识,主要包括句法结构,它们在自然话语中所揭示的受众语言话语模式的使用,以及词汇和语义角色整合词汇和语法的方式。语义学是实用的而非形式的,它为词汇研究提供框架,并在派生和参与者角色方面加强了句法和语义学之间的联系。另外还包括语用学研究以及语境对意义的影响。

以上所述意味着译员将能够恰当使用以往受众语言的语言学研究成果，并开展基本的语言学研究以填补知识的空白。

原 语 文 化

主要目标是让学生掌握足够的《圣经》文学知识，以及一系列释经工具和方法，以胜任释经工作。学生必须拥有良好的阐释学知识，以及将其应用于特定文本进行释经的技能。

翻译需要对《圣经》文学知识有充分了解，因为其存在于各种混合体裁的宏观文本中，还必须了解文本的社会文化分析方法，而非泛泛的神学（教条式和规定式）理解。

受 众 文 化

《圣经》中的社会与当代仍相当传统的非洲社会之间的文化距离是不可预知的。在某些方面，两种文化中的物质文化和价值观可能十分相似；而在其他方面则可能相去甚远。例如，大家庭的团结性和社会核心价值观可能非常相似。

主要目标是让学生能够恰当使用以往受众社区文化研究的成果，并酌情进一步开展跨文化研究，以促进当地和基督教世界观（后者经由翻译传播）之间的接触。

与其他部分一样，文化研究以工具为重点，而非以信息为基础。跨文化交流、文化人类学和语境化是这一项目的基础。

翻 译

总体目标是培养学生使用本项目所介绍的各种工具，为中等难度《圣经》段落提供高质量译文的能力,涉的技能包括识别可能的翻译困难和应用一系列常见技术解决这些困难的能力。但在其背后,需要有扎实的将语义学和语用学主要概念应用于翻译、并充分考量《圣经》注释问题的能力;翻译多种不同语段的技能,以及根据译员主要策略,从过程和产品质量方面评估翻译质量的技能。

阐释学、语义学、语用学和释经学都有助于话语阐释和文本分析,语用学则可以将上述部分结合在一起,在统一的框架下保证连贯性。

评估技能往往不是译员培训中非常明确的组成部分,一个想当然的看法是受众语言的"语感"会自然增长,因而鲜有人关注如何将原则性洞见成功应用到产品中。评估问题甚至可能主要局限于对学生提交的翻译练习做口头反馈。这里的目标是培养译员自我批评和对翻译决策的自我责任感。内罗毕项目对翻译质量的评估可谓越来越重视。

P.A.L.M.部分

主要目标是培养良好的领导和规划素养,以促进翻译和扫盲项目的全面发展和推进。

这些目标通过两个半程课程(two half-courses)来实现,一个在项目初期,另一个在项目结束前。第一个半程课程聚焦社会学层面,然后广泛考察小型社区扫盲和翻译语言项目所采取的策略。

第二个半程课程涵盖范围较窄,更聚焦语言项目的管理,尽可能将其作为开设在当地族裔社区并由社区拥有的企业来管理。技术或文学译员可由一个机构资助,该机构承担更广泛的行政和管理责任,以减少译员与赞助人对接的工作量。在小型社会或传统社会的基层工作中,人际关系因素不容小觑。在这种分散的活动中,领导力的质量是决定成败的关键因素。大多数成功的项目都是在小团队的背景下发展起来的,最初领导者是唯一受过培训的人,也是其他人的初始培训来源。本课程就是致力于提供此类支持,同时也从非洲大陆各地积累的经验以及有关规划、行政、领导和管理问题的当下讨论中汲取洞见。

通过这两个半程课程,学员会逐渐形成对白话经文在历史和当代社会中作用的肯定性看法,理解乡村社区的文盲问题及解决办法,同时具体聚焦基础领导力、规划及行政技能,以及项目规划策略。

小　结

上述因素要求翻译研究与各个学科的训练相结合,包括社会语言学和描写语言学、《圣经》语言、《圣经》研究、跨文化研究、语言学和语境意义研究以及翻译规范等。鉴于主要翻译项目的紧迫性,亟须将管理农村发展项目纳入培训内容。由此产生的课程具有很强的跨学科性和综合性。

理 论 框 架

上述因素要在一个理论框架内予以考量。尽管不同的框架可能达到类似目的,但本文所涉翻译活动中的语言问题有其特殊性,因而选择有限。为了避免将大量不同信息和技能杂糅进五花八门、互不相干的理论框架里,本项目试图提出一个简单而兼容的框架。

语 言 学 框 架

目前,语言方面的约束有以下几方面:

1. 词汇学的实用归纳方法

2. 直接明了的功能语法模型,可与语义学相结合;能够充分研究以

前/最近无文字语言的描述性方法

3. 处理文化问题的归纳性方法

4. 可在原语文本和受众语文本中处理文化和其他文本外因素的语言学模型

5. 运用目前语用学领域最佳研究成果的翻译**理论**,即语用学作为一个话语阐释**领域**,比词汇语义学和规则支配的句法更强大,并尽可能明确地将语境知识概念纳入话语阐释的过程中

这些约束都是归纳性的。此外,前述部分为后续部分提供基础,并尽可能为后续部分提供理论补给。因此,应用语言学建立在基础语言学课题上,并反哺到意义研究和翻译中。意义研究再反哺到翻译中,而翻译本身也借鉴了阐释学、文化研究以及语言学基础。

我们希望采用一种尽量减少理论机制的句法方法;我们的兴趣是描述性的,而非形式或理论上的。我们关注成分结构、成分内和成分间的句法特征(前后一致性及呼应关系、[非]同指关系、支配关系),以及语法关系和语义角色之间的关系。由于任何语言都是潜在的受众语言,我们要求这些研究要以归纳和类型学的方式进行。

为满足上述条件,我们选择了一种功能语法的通用方法,不仅能合理关注句法,而且还将语法与语义学、语用学、修辞学和文学因素联系起来。由于一些形式上的问题(如词序自由度、时态和时态序列、衔接、主题性与背景性等)最适合在多句的语言中进行研究,我们还纳入话语研究,其中包含了(半)结构性和修辞学的思考。

翻 译 框 架

《圣经》的翻译要做到通俗易懂,并与普通读者产生切身关联。植根于认知的交流模式(以及语用学、阐释学和翻译的模式)从人类认知官能的角度为话语阐释提供了普遍性基础,而非从社会文化规约的角度来解

释。后者无法解释我们一直体验到的、极大程度的共通性和跨文化交流的可能。交流的社会文化基础（亦即语用学、阐释学和翻译基础）也会因其在社会文化维度上远离我们而削弱某一文学的交流潜力。这并不否认文学作品所包含的具体社会文化信息，合理的阐释往往需要高度具体的社会文化假设，并且阐释任务由作者、文本和读者共同承担，同时也不否认在向受众社区传达原始讯息时存在需要协商的困难。

有一种模型将交流定义为包括说话人意图、听话人处理和话语作为向另一个人传达意图的语言手段，这一模式不需要像某些阐释学方法那样，质疑听众能否通过文本发现说话者意图。如果这一模式运用诸如格赖斯（Grice）的路径和关联理论去推断语用含义的话，则更是如此。

鉴于对翻译**理论**的这一要求，我们发现了关联理论（Sperber and Wilson 1995）以及格特（Gutt）（1992）对该理论在翻译上具体应用的论述。关联理论提供了较为连贯的方法，尽可能明晰，尽可能提供较可靠的推论，这些推论的合理性是可以检验的。从关联理论出发，释意相似的概念可作为翻译的范式案例（Sperber and Wilson 1995：224-231）。翻译显然是在一个新的语境中，通过新的语言，向新的受众传达以前的语言事件。

在关联理论框架下，我们采用的评估方法似乎可以避免与对等概念有关的陷阱。

结　　论

上述策略的意义超出《圣经》翻译本身。一旦任务如上所述，就没有什么技能是先入为主、既定不变的。鲜有项目重点关注阐释的复杂性，或者为译员提供连贯一致的方法来处理这些问题。从历史上看，《圣经》翻译的技术性本质及其所在社区对神学的兴趣，均为相关研究做出了贡献，如阐释学和释经学,因而对阐释过程的学习从一开始就是培训课程的重点。语境因素(就其性质而言历史上与现代社会相分离)的重要作用也同样引发了语言学上的回应,即一种应对各种原语文本数据的语用学理论。以上两个因素对这两个问题的处理均比世俗背景下的翻译研究项目更为突出。

聚焦更广泛和更具体问题的课程在实践层面提供了支持。这些课程对翻译项目的管理和领导进行了基本介绍,分别安排在学习项目的开始和结束阶段。由于受众语言一般不由教师决定,学生的自我管理能力和自我责任感因而得以发展。

将技术性和外来文化的文学作品译入缺乏强大文学传统的语言这一问题,与译员密切相关。最后,我们再提两点。

作为一门独立自主的学科,翻译必须在一定程度上独立于特定的语言问题,并从原则性框架角度来解决翻译问题。对翻译性质的讨论不断提醒我们,要寻求一个包容性框架,以及本文所述的归纳方法,来处理教师无法决定的受众语言,并推动一种不局限于特定语言的路径的发展。这种需求直接来自奈达(Nida)(1964)的看法,虽然这一点在讨论中经常被忽视,但它是内罗毕策略的一个有机部分。

努力将作者、文本和读者(相互竞争的)要求结合在一起并不是什么新鲜事,但这是本策略的核心,而且通常与翻译培训密切相关。现有的理论要么倾向于实用主义,对相互矛盾的要求视而不见,要么以一种对职业译员而言不切实际的方式对交流活动进行解构。内罗毕策略采用语用学的方法,建立明确的跨学科关联(包括阐释学),从而将这些要素结合在一起。

参 考 文 献

Grice, P. 1975. "Logic and Conversation". In P. Cole and M. Jerry (eds), *Syntax and*

    Semantics: IX: Pragmatics. New York: Academic, 53 – 59.

Gutt, E.-A. 1992. *Translation and Relevance*. Cambridge: Cambridge University Press.

Nida, E. 1964. *Toward a science of translating: With special reference to principles and procedures involved in Bible translating*. Leiden: Brill.

Sim, R. J. 1990. Curriculum Document. MS. Nairobi: SIL.

Sim, R. J. 1995. The Master of Arts in Translation Studies. MS. Nairobi: SIL.

Sperber, D. and Wilson, D. 1995. *Relevance*. 2nd edition. Oxford: Blackwell.

•

翻
译
能
力
发
展
研
究

第三部分

翻译能力的评估

翻译能力发展评估

艾莉森·毕比
巴塞罗那自治大学

引　言

目前,关于大学翻译培训课程里的评估话题,鲜有实证性研究发表(Tirkkonen-Condit 1991;Séguinot 1991)。翻译能力迄今尚未被完整定义,它运用人脑最复杂的认知过程,结合了多种不同子能力,似乎**包罗世界和宇宙万象**,又错综复杂、相互关联,评估该能力颇有难度,鉴于此,对此采取谨慎态度是明智的。此外,翻译能力(如同乔姆斯基的"语言能力")是一个抽象概念,只能以表现来衡量。任何试图划定翻译评分标准的做法都有过分简化之嫌,或者在长时间实践检验后,才能保证这些做法的可行性。因此,许多有经验的教师依靠整体的、印象式的方法。事实上,最近一项研究比较了同一译文基于直觉的整体性评价和理性评价,结果显示这两种评价相关性极高(Beeby and Martínez 1998)。然而,这些方法无法为师生提供所需的详细信息,以进一步界定翻译能力,改善培训、学习过程及效果。只有基于不同翻译模式、领域、体裁、语对和翻译方向等因素的实证性翻译评估研究才能提供此类信息。

本文介绍了 1997 年在巴塞罗那自治大学翻译学院(FTI)进行的一项总结性评估和诊断性评估的实证研究。本文比较了某项总结性评估(FTI 学位项目第一阶段学习结业考试西语译入英语的逆向翻译)和诊断性评估(具有其他专业学位的学生在第二阶段入学考试中西语译入英语的逆向翻译)的结果。两组都使用了相同的翻译试题和评分标准。本文的假设是:第一组学生在翻译学院学习两年后,翻译能力比第二组学生高得多。考试所用文本和评分标准理论上基于第二年教学计划目标。这些又关乎笔者所理解的翻译能力。

翻译能力模型

本研究使用的逆向翻译能力模型在《西译英翻译教学》(*Teaching Translation from Spanish to English*)(Beeby 1996a)中有所描述。随着过去几年认知科学、话语分析和功能翻译理论的兴起(Reiss 1976；Seleskovitch 1975；van Dijk 1980；de Beaugrande and Dressier 1981；Delisle 1981；Hatim and Mason 1990；Bell 1991；Nord 1991；Bhatia 1993),笔者个人对翻译能力概念的界定也随之发展。这一界定也受到了其他非学术因素的影响,包括常识以及笔者作为译员和教师的个人经验。笔者从翻译能力的广义概念出发,试图概述巴塞罗那的西班牙学生要从事西译英职业翻译需接受的培训的特殊需求,其中包括对比学习西班牙语和英语文本的连贯性和衔接方式,巴塞罗那逆向翻译市场的体裁类型需求(实用、标准化文本,非纯粹口头翻译)以及西班牙与英国在文化、意识形态和语言上的异同。巴塞罗那自治大学翻译学院逆向翻译班第二年有以下四个目标,即学生需要培养的逆向翻译子能力。

逆向翻译能力

I. 转换能力

1. 对翻译过程的意识。

(1) 原语(SL)的高级阅读技能：实用性目的和互文性。

(2) 脱离原语语言外壳技能。

(3) 目标语(TL)的改写和行文技能：语法正确和语用充分的**平实语言**(*Plain Language*)。

2. 意识到翻译中涉及的多种语境：原语文本(SLT)的作者、读者、文本目的、译者、翻译目的、目标语文本(TLT)的读者等。

3. 意识到文本和翻译中微观和宏观结构的相互依存关系。

II. 对比语言学能力

1. 熟悉 SL 和 TL 之间的排版差异。

2. 熟悉 SL 和 TL 之间的词汇差异，了解两种语言的语义场和词汇集并不总是重合的。认识到字典的局限性，以及如何根据文本语境解决多义词问题。

3. 熟悉 SL 和 TL 之间的句法差异以及如何根据语境解决句法多义问题。

III. 话语对比能力

1. 熟悉 SL 和 TL 之间文本类型和体裁的差异。意识到两种语言中体裁的变化和文本间操控。

2. 意识到语境和语域(语场、语式和语旨)之间的关系，以及这一关系如何影响每种翻译情况的重点和限制。

3. 熟悉 SL 和 TL 之间文本连贯性和衔接方式的差异。

IV. 语言外能力

    1. 熟悉 SL 与 TL 文化之间的语用差异和符号学差异。

    2. 检索技能：使用字典、百科全书、数据库、平行文本、**专家资源**等。

    当然，给翻译能力的不同方面赋予标签并不意味着我们知道翻译能力如何习得，或如何将其付诸实践。基于内省数据的翻译过程分析将可以为教师提供更多信息，但如珍妮特·弗雷泽（Janet Fraser）(1996：65)所说，此类研究还很有限。1997 年，巴塞罗那自治大学翻译学院的 PACTE[1] 小组开始开展一项长期项目，研究正向翻译和逆向翻译能力的习得情况（PACTE 2000）。PACTE 小组提出的整体、动态翻译能力模型包括上述所列子能力，同时还增加了三个子能力：策略能力、职业工具能力和心理生理能力。我们目前正在研究逆向翻译能力的具体特征。然而，本文所述研究基于早期模型，评价基于最终翻译产品，也就是人工实物，即翻译文本，目的是试图验证翻译课程在多大程度上有助于发展上述定义的翻译能力。

探索性研究：1995 年及 1996 年

    毕比（Beeby）(1995)给巴塞罗那自治大学两组二年级学生提供相同的翻译，以检验一套意在提高翻译意识的译前练习的有效性。A 组做了译前练习，B 组没有做。在该研究中，翻译为正向翻译（从英语译入西班牙语或加泰罗尼亚语），所测量的参数基于塞圭诺（Séguinot）(1991)的结论。塞圭诺的研究基于渥太华大学学生在培训开始和结束时的翻译测试结果，其间跨越六年。她描述了培训前后的差异以及优秀学生和能力较

弱学生之间的差异:

1. 优秀学生对体裁或文本类型的了解更为广泛。

2. 一开始就用字典查单词的学生比其他学生犯错更多。

3. 优秀学生反复对比查看翻译和文本,能力较弱的学生则根据自身已译内容修改译文。

4. 优秀学生检查多个层面内容:语法准确性、语用目的和符号学意义、语域、连贯性和衔接手段,甚至包括韵律特征。能力较弱的学生倾向于抓住突显的词汇/语义项,误译或忽略不太突显的信息,而这些信息对于传达文本的修辞目的可能非常重要。

在 1995 年的巴塞罗那自治大学测试中,做过译前练习的 A 组比没有做过译前练习的 B 组出现了更多优秀学生。研究结果虽然有趣,但只限于两种体裁,因为译前练习与学生待译的两篇文章直接相关(克茨[Kertsz]的**纯**医学报告和奥利弗·萨克斯[Oliver Sacks]的**混合**医学报告)[2]。B 组,即对照组,是另一组英语为二语的学生。他们是出于帮忙而做翻译的,可能缺乏产出一篇漂亮译文的强烈动机。该组学生依赖突显的词汇/语义项,并先入为主,以克茨报告为基准,倾向于将萨克斯报告的译文作相应调整,忽略了萨克斯文本中将病人置于中心的句法和词汇信息。

1996 年,笔者有机会开展一个更为现实的研究,验证逆向翻译课堂所用方法的结果。巴塞罗那自治大学翻译学院的四年制口笔译学位分为两个阶段(Beeby 1996b)。第二年年末,在其他院系完成第一阶段学习的学生可以申请进入翻译学院开始第二阶段的学习,但须完成第一阶段翻译课程学生所完成的翻译考试。笔者负责批改这两套试卷,其结果的差异令人惊喜。这主要与上述翻译能力相关的技能有关,也与从事翻译过程分析研究的学者所描述的学生译员和职业译员之间的差异有关。例如,"职业译员更了解翻译要求、目标语读者群以及原语和目标语体裁之间具体风格或功能的差异"(Fraser 1996:71)。

1997 年研究

1997 年,笔者重复了 1996 年的实验,两组的评分标准均旨在尽可能清晰地衡量上述技能,同时对翻译能力和语言能力作了区分。考试内容是翻译,满分 20 分。

1. 从文本中挑出 10 个具体翻译问题,10 分。

2. 语言表现 10 分,出现语法错误即扣分。句法、时态、一致性和词序不正确各扣 1 分;冠词、介词和拼写错误减 0.5 分。

考卷批改后,翻译学院二年级学生(A 组)的翻译分数远远高于申请进入翻译专业第二阶段学习的学生(B 组)。英语语言的分数差异没有那么明显,进入翻译学院的基本要求之一是具备高阶英语水平,几乎所有 B 组学生都具备这一条件。该组有的学生已经进行了两年的英语语言学位学习,有的则是在国外留学或已获得其他学位的成人学生。A 组有 40 名学生,82% 的学生在翻译策略上的表现优于语言表现。B 组有 25 名学生,只有 4% 的学生在翻译策略上的表现优于语言表现(参见表 1)。

翻译能力和语言能力的区别从参加考试的英语母语者的成绩中也可窥见一斑。这 4 名英语交流生以为译入英语易如反掌,所以很少听课或交作业。他们的分数如下(前者是翻译能力分,后者是语言能力分):学生 1:6.5+9,学生 2:2+6.5,学生 3:3+4,学生 4:5.5+5。

这些学生不来上课,而课堂上教师主要通过运用翻译策略,归纳式地教授翻译过程背后的理论原则,从而培养翻译能力。这些原则是界定翻译问题和建立学习进度的主线。课程用一系列基本翻译原则,挑选和组织教学内容并教授技能,这主要基于以下结论:在翻译中,学生必须知道**为什么**,才能知道**怎么做**。翻译是一种技能,翻译课首先应是一门实践课,但学生需要了解所学翻译过程背后的原则。这种探究环节尽可能简化,教学单元的目的是帮助学生提出关于翻译原则的假设。在单元结束时,学生应该能够证实自己提出的假设。正如语言初学者更容易记住通过自身观察所得出的结论,学生译员也莫不如此。

在年底,选择合适文本来测试学生运用这些原则的程度及翻译能力的习得情况并不容易。大多数文本的翻译会涉及诸多翻译策略,也正因如此,在翻译课上界定翻译难点、定义学习进展十分困难。逆向翻译课上学习的许多体裁十分标准化、专业化,这也是逆向翻译市场上最为需要的。一旦学生知道这个模式如何运作,这些文本就相对容易翻译,但这显然不适合参加入学考试的学生。

表1:1997年逆向翻译考试结果

A组				B组			
序号	翻译	语言	总分	序号	翻译	语言	总分
1	4	5	4.5	1	2	8	5.5
2	7.5	7.5	7.5	2	3.5	0	1.75
3	7	6	6.5	3	4.5	6.5	6
4	6	5	5.5	4	4	4	4
5	2	4	3	5	3.5	5	4.25
6	7.5	6	6.75	6	0	1	0.5
7	5	2	3.5	7	2.5	5	3.75
8	8	7	7.5	8	3.5	5	4.5
9	6.5	9	7.75(英语)	9	3.5	5	4.25
10	8	6	7(法语)	10	4	2	3
11	8.5	5.5	7	11	2	2.5	2.25

A组				B组			
序号	翻译	语言	总分	序号	翻译	语言	总分
12	9	6.5	7.75	12	2	3.5	2.75
13	6.5	4	5.25	13	3	4	3.5
14	8	3.5	5.75	14	0	4	2.25
15	8.5	7.5	8	15	0	4	2.5
16	7.5	6.5	7	16	5.5	7.5	6.5
17	5	1	3(法语)	17	3	5	4
18	2	6.5	4.25(英语)	18	0	2	1
19	3	4	3.5(英语)	19	1.5	0	0.75
20	6	5	5.5(法语)	20	2.5	3	2.75
21	6	7	6.5	21	1	3.5	2.75
22	4	4	4	22	1	3	2
23	4	1	2.5	23	7	7	7
24	7.5	6	6.75	24	5.5	0	2.75
25	7	5.5	6.25(法语)	25	4	7	5.5
26	7	5.5	6.25				
27	8.5	6.5	7.5				
28	6	4.5	5.25(法语)				
29	5.5	5	5.25	5人通过考试(20%)			
30	7.5	6.5	7	4人翻译分数较高且相同(16%)			
31	8	5.5	6.75				
32	5	5	5				

续　表

A组				B组			
序号	翻译	语言	总分	序号	翻译	语言	总分
33	5.5	6.5	6				
34	8	6.5	7.25				
35	4.5	4	4.25				
36	6.5	5.5	6(法语)				
37	9	7	8				
38	9.5	5	7.25(法语)				
39	9.5	7.5	8.5				
40	5.5	5	5(英语)				
31人通过考试(77.5%),33人翻译分数相同或较高(82.5%)							

最终选择的文本节选自西班牙吉他手纳西索·叶佩斯(Narciso Yepes)的短篇传记,该传记于叶佩斯1997年5月去世时发表于《国家报》。课堂上研究过短篇传记,以比较西班牙语和英语的连贯与衔接方式(见 Xenophon/Jenofonte,收录于 Beeby 1996a)。由于讣告很少用于翻译,选用叶佩斯的传记可能会受到批评,但通过翻译该文,学生能充分展示其对句子和段落中**信息组块**(chunking)的了解程度,这可能是西班牙语和英语之间最为明显的衔接手段差异之一。与英语相比,西班牙语倾向于使用较长的句子,有更多的从句和插入语,而且排版段落更有可能与英语的语义段落相吻合。对这些知识的运用有助于学生脱离原语语言外壳,避免无意义的直译和超长句子。长句中,学生更容易犯语法一致性、句法和指称方面的错误。

翻译任务描述(translation brief,另译"翻译纲要")非常简单,几乎重复了原语文本的所有目的(skopos)：该讣告刊登在1997年5月4日星期日的《国家报》上，你要为《星期日泰晤士报》将其翻译成英文。考试时间为两个小时，允许使用双语和单语词典，衡量翻译能力的十个得分点如下：

第1点：标题。*Muere Narciso Yepes, maestro de la guitarra clásica*（《古典吉他大师纳西索·叶佩斯之死》）。该标题的翻译涉及四个子能力。如果译为"……之死"(Death of ...)的结构，或尝试用英语报刊中典型的标题来吸引眼球，如"Farewell to a Master"（"告别大师"），则可得满分。B组中最常见的翻译是"Narciso Yepes, master of the classical guitar has died"（古典吉他大师纳西索·叶佩斯去世）。语法上完全正确，但在英语标题中绝不会出现。

第2点：排版差异。在标题、作品名称（*Juegos prohibidos*/Forbidden Games，《禁忌游戏》）、月份（noviembre/November，11月）中，英文使用大写字母，西班牙语则不使用。

对于西班牙文中三个长句的处理，满分为三分。这涉及是否掌握转换能力、话语能力和两种语言之间句法差异的知识。此处出现的一些具体的衔接问题是：主位/述位、直接指称、重复/变化。第3点涉及原语文本中以下段落：

> *Nacido en Lorca — cuyo Ayuntamiento declaró tres días de luto oficial —, Yepes pasa a la historia como uno de los máximos virtuosos de la guitarra clásica, instrumento que empezó a tocar a los cuatro años y que revolucionó en 1964, añadiéndole cuatro cuerdas.*

叶佩斯出生于洛尔卡，洛尔卡市议会宣布为其举行三天的哀悼。叶佩斯作为西班牙古典吉他界最伟大的演奏家之一，将载入史册。他四岁时便开始弹奏吉他,并在 1964 年通过增加四根弦的方式彻底改变了这一乐器。(尽量按照原语语序翻译——译者注)

A 组(英语好、翻译能力强的例子。很少有学生把西班牙的现在时 *pasa a la historia*[载入史册]翻译成英语的未来时):

The Town Council of Lorca,where he was born,has declared three days of mourning for the soloist and composer. Yepes will go down in history as one of the greatest virtuosos of the Spanish guitar. He started playing the guitar when he was four and revolutionised it by adding four strings in 1964.

洛尔卡(叶佩斯的出生地)市议会已经宣布为这位独奏家和作曲家举行三天的哀悼。作为西班牙吉他界最伟大的演奏家之一,叶佩斯将载入史册。他四岁时开始弹奏吉他,并在 1964 年通过增加四根弦的方式彻底改变了这一乐器。

B 组(英语好、翻译能力差的例子):

Born in Lorca — where the Town Hall declared three official mourning days — Yepes becomes historically one of the best classic guitar players,an instrument which he began playing at the age of four and which he totally changed in 1964 by adding four strings to the original.

叶佩斯出生于洛尔卡,当地市政厅宣布官方哀悼三天。他成为历史上最优秀的古典吉他演奏者之一,他从四岁开始演奏,1964 年通过在吉他上增加四根弦彻底改变了这种乐器。

第 4 点: 原语文本。

Yepes plasmó su creatividad en una pequeña pieza maestra, Juegos prohibidos, obra de 1952 aún indispensable para los estudiantes de guitarra, y fue, además de instrumentista sublime, un viajero incansable que dio la vuelta al mundo con su interpretación del Concierto de Aranjuez.

叶佩斯将创造力融入了其杰出的短作品《禁忌游戏》中,这部 1952 年的作品是吉他学生的必会曲目。他不仅是一位杰出的乐器演奏家,还是一位不知疲倦的旅行者,带着对《阿兰胡埃斯协奏曲》的演绎环游世界。

A 组(在此例中,学生决定拆分句子,将信息添加到文本的不同部分,以适应英语中的连贯要求。西班牙语句子的第二部分放在了译文的第二段末尾,西班牙语句子的第一部分被放在译文的第三段末尾):

Yepes was not only a sublime instrumentalist but also a tireless traveller and he travelled around the world with his interpretation of the 'Concert of Aranjuez'.

'Forbidden Games' was the reflection of Yepes' creativity and has been an essential work for guitar students since 1952.

　　叶佩斯不仅是一位杰出的乐器家，还是一位不知疲倦的旅行者，他带着对《阿兰胡埃斯协奏曲》的诠释环游世界。

　　《禁忌游戏》反映了叶佩斯的创造力，自 1952 年以来一直是吉他学生的必会曲目。

B 组（两组中大多数学生都在英语译文中分成两个句子，但不是全部。此例说明不能轻信双语词典的解释）：

Yepes stamped his creativity in a little masterpiece, Juegos Prohibidos, a work of 1952 still indispensable for the guitar students, and was a sublime instrumentalist, as well as an unextenuating traveller, who did the world tour with his interpretation of El Concierto de Aranjuez.

　　叶佩斯在其 1952 年的一部杰出短作品《禁忌游戏》中展示了他的创造力，这部作品对吉他学生来说仍然不可或缺。叶佩斯是一位杰出的乐器家，也是一位不屈不挠的旅行者，带着对《阿兰胡埃斯协奏曲》的诠释环游世界。

第 5 点：原语文本。

Desde entonces, Yepes, que se había curtido también en las largas noches de los cafés cantantes acompañando a cantaores flamencos para coger técnica y velocidad de dedos — después de que el pianista Vicente Asensio le incitara a seguirle al piano y Yepes se declarara incapaz —, inició una carrera marcada por la búsqueda de la superación permanente，a la que no puso límites.

　　一次，钢琴家韦森特·阿森西奥挑战叶佩斯，让他用钢琴伴奏，叶佩斯宣布自己对此无能为力。从那以后，叶佩斯为了掌握演奏技巧和手指速度，曾在咖啡馆的漫漫长夜为弗拉门戈歌手伴奏，开始了以精益求精为目标的职业生涯，不为自己设限。

A 组（在该句中，如理解了原文中插入语的功能则可获得额外分数[6分]。该例中，英语译文的最后一句虽然质量不高，但整体尚属清楚。这种错误对于审校者来说也比基本的连贯性错误更容易处理）：

Once，the pianist Vicente Asensio challenged Yepes to accompany him on the piano and Yepes was unable to do it. After that he gained technique and finger spccd while accompanying flamenco singers during long nights at cafés. That was the start of a career based on the search of a permanent overcoming, imposing himself no limits.

　　有一次，钢琴家韦森特·阿森西奥向叶佩斯提出挑战，要求他用钢琴伴奏，叶佩斯未能成功。自此之后，他在咖啡馆的漫漫长夜为弗拉门戈歌手伴奏，学习演奏技巧和手指速度，那是永无止境地克服困难追求职业生涯发展的开始，不为自己设限。

B 组（此例中的意义错误是因为学生没有利用上下文来理解句法多义性）：

From then on, Yepes, who in order to improve his technique and finger velocity had also played in singing 'cafés' as accompanist to cantaores flamencos — after the pianist Vicente Asensio had suggested to him that he might play the piano and after Yepes claimed to be unable to do so — , started a career aimed at the pursuit of constant improvement without any limitation.

从那时起,叶佩斯为了提高演奏技巧和速度,在有人驻唱的咖啡馆为弗拉门戈歌手担任伴奏。在此之前,钢琴家韦森特·阿森西奥建议他可以弹钢琴,但叶佩斯声称无法做到。自此,叶佩斯开启不断追求进步、没有限制的职业生涯。

第6点:理解原文最后一段中插入语的功能。

第7点:基于转换能力的相关性,了解目标语读者的知识水平,显化隐性信息:穆尔西亚位于何地? 洛尔卡位于何地? 文中涉及哪场内战? 华金·罗德里格斯(Joaquín Rodriguez)和阿道尔夫·阿根塔(Ataúlfa Argenta)是谁?

第8点:未考虑语境和目标语读者,过度依赖双语词典而导致的词汇错误。

1. *nació en el seno de una familia campesina*.

1. 他出生在一个农村家庭。

campesina 的字典翻译为"农民",但叶佩斯的家庭显然是小康之家,有能力给儿子买一把吉他,叶佩斯只有四岁时每天骑着驴子去音乐学校。campesina 和"农民"的语义场并不一致。从符号学的角度讲,"a rural family"或"a family of farmers"（农村家庭）在英语中比"a peasant family"（农民家庭）更合适。

    2. Cada día llevaban al pequeño Narciso, montado en un borriquillo, desde su casa en la <u>huerta</u> hasta Lorca …

    2. 每天他们都会带着小纳西索, 骑着驴子, 从他乡下的家里去到洛尔卡……

La huerta（果园）是巴伦西亚省肥沃的灌溉区, 种植着柑橘类水果和蔬菜, 但在这篇文本中, 目标语读者并无必要了解这些信息。译作"his home in the country"（他乡下的家里）而不是"his house in the orchard/in the market garden/his house in the irrigated region of Valencis"（他在果园、集市花园, 或巴伦西亚灌溉区的房子）在语用上更合适。

第 9 点: 在 cafés cantantes（有人驻唱的咖啡馆）和 cantaores flamencos（弗拉门戈歌手）的文化转换时, 应考虑到类似标准。

    Desde entonces, Yepes, que se había curtido también en las largas noches de los <u>cafés cantantes</u> acompañando a <u>cantaores flamencos</u> …

    从那时起, 叶佩斯也曾在咖啡馆里度过漫长的夜晚, 为弗拉门戈歌手伴奏……

不是"singing cafés"（唱歌的咖啡馆）, 而可能是"seedy nightclubs/cafés with live music/bars with cabarets"（恶俗的夜总会/有现场音乐表演的咖啡馆/有歌舞表演的酒吧）。上下文不需要解释 cantaores 是"能够即兴表演的弗拉门戈歌手"或"安达卢西亚的吉卜赛歌手"。在这一语境中,英语读者能感受到"Flamenco singers"(弗拉门戈歌手)丰富的互文性。

第 10 点:最后一点针对文本的最后一句话,借助语言外知识或注意斜体的使用可以顺利翻译。René Clément 是电影导演而非电影的名字。

> ... *su obra Juegos prohibidos*,*que integraría la banda sonora de René Clément*,*ganadora de la palma de oro en el Festival de Cannes*

> ……他的作品《禁忌游戏》被收录在勒内·克莱芒的原声带中,获得了戛纳电影节的金棕榈奖。

A 组:

> ... his work,'Juegos prohibidos' made up the soundtrack of René Clément's film,winner of the Gold Palm at the Cannes Film Festival.

> ……他的作品《禁忌游戏》成为勒内·克莱芒电影的配乐,获得了戛纳电影节的金棕榈奖。

B 组:

> ... his work,'Juegos prohibidos' sound-track of the film 'René Clément',that won the Gold Palm at the Cannes Film Festival."

　　……他的作品《禁忌游戏》是电影《勒内·克莱芒》的配乐，在戛纳电影节上赢得了金棕榈奖。"

结　　论

　　任何考试都有局限性，还可引入多个参数来使评估更完整、更平衡。例如，除了使用字典之外，考试没有考查检索技能。对于专业领域翻译考试来说，带回家作答可能十分必要，因为文献检索必不可少。如果要求学生写翻译日志，即使学生不能恰当解决翻译问题，教师也能获取更多信息，了解学生是否认识到了这些问题。阅卷时间这一标准也十分有用。特别是在逆向翻译中，目标语文本是否值得修改、编辑，可能是能否接受该译文的职业标准。本文使用的评分标准有一优点，即省时易用。其主观性也比整体性评分方法要小，也更容易向学生和同事解释评分结果。

　　从统计学上看，考试结果表明，翻译培训帮助学生习得了教师所定义的翻译能力中的一部分，而未培训者则不了解翻译背后的大部分原则。尽管如此，笔者也意识到这项研究的局限性。该研究并未证明按照另一种方法教授翻译的小组不会达到同样的结果（二年级学生的通过率为75.5％，而对照组仅为20％）。该研究也未验证最初关于翻译能力性质的假设，但这必须通过另一个以职业译员为对象的实验来佐证。我们PACTE小组的工作旨在克服其中一些局限性，在研究翻译能力习得之前，就已经开始研究职业译员的翻译能力。我们正在研究如何定义和分离影响可靠性以及研究内外部有效性的因变量、自变量和随机变量，主要挑战之一是开发合适的测量工具。

附　　录

1997 年研究使用的文本:

Muere Narciso Yepes, maestro de la guitarra clásica

El concertista y compositor Narciso Yepes falleció ayer en Murcia, a causa de un cáncer. Nacido en Lorca — cuyo Ayuntamiento declaró tres días de luto oficial —, Yepes pasa a la historia como uno de los máximos virtuosos de la guitarra clásica, instrumento que empezó a tocar a los cuatro años y que revolucionó en 1964, añadiéndole cuatro cuerdas. Yepes plasmó su creatividad en una pequeña pieza maestra, Juegos prohibidos, obra de 1952 aún indispensable para los estudiantes de guitarra, y fue, además de instrumentista sublime, un viajero incansable que dio la vuelta al mundo con su interpretación del Concierto de Aranjuez.

Narciso García Yepes（Lorca, 14 de noviembre de 1927）nació en el seno de una familia campesina. Al cumplir los cuatro años le regalaron su primera guitarra, y poco tiempo después empezó su formación musical. Cada día llevaban al pequeño Narciso, montado en un borriquillo, desde su casa en la huerta hasta Lorca（unos siete kilometros）, donde estaba la academia de música más cercana. Tras la guerra civil su familia emigró a Valencia y allí pudo ingresar en el conservatorio a los 13 años. El salto de Yepes a la maestria tiene fecha: fue en 1947, con su interpretación del célebre Concierto de Aranjuez, del maestro Joaquín Rodrigo, bajo la batuta de Ataúlfo Argenta.

Desde entonces，Yepes，que se había curtido también en las largas noches de los cafés cantantes acompañando a cantaores flamencos para coger técnica y velocidad de dedos — después de que el pianista Vicente Asensio le incitara a seguirle al piano y Yepes se declarara incapaz —，inició una carrera marcada por la búsqueda de la superación permanente，a la que no puso límites. Ginebra en 1948，y París en 1952，descubrieron al joven virtuoso，que iba a alcanzar su año de gloria en 1952，al componer su obra Juegos prohibidos，que integraría la banda sonora de René Clément，ganadora de la palma de oro en el Festival de Cannes.

注　释

1. PACTE 小组成员包括：A. 毕比（A. Beeby）、L. 贝伦格尔（L. Berenguer）、D. 恩辛格（D. Ensinger）、O. 福克斯（O. Fox）、A. 乌尔塔多·阿尔维尔（A. Hurtado Albir）、N. 马丁内斯·梅利斯（N. Martínez Mélis）、W. 诺伊恩齐希（W. Neunzig）、M. 奥罗斯科（M. Orozco）、M. 普雷萨斯（M. Presas）以及 F. 韦加（F. Vega）。

2. 参见弗朗西斯（Francis）和克莱默·达尔（Kramer-Dahl）（1992）。

参 考 文 献

Beaugrande，R. de and Dressier，W. 1981. *Introduction to text linguistics*. London：Longman.

Beeby，A. 1995. "Negotiating meaning in translator training". In M. Thelin and B.

Lewandowska (eds.), *Translation and Meaning*, *Part 3*. Maastricht: UPM, 305 – 311.

Beeby, A. 1996a. *Teaching Translation from Spanish to English: Worlds beyond Words*. Ottawa: University of Ottawa Press.

Beeby, A. 1996b. "Course Profile: FTI, UAB". *The Translator* 2: 113 – 126.

Bell, R. 1991. *Translation and Translating: Theory and Practice*. London: Longman.

Beeby, A. and Martínez, N. 1998. La evaluación en la enseñanza universitaria de la traducción profesional: Un estudio empírico. Paper presented at the EST Congress, Granada.

Bhatia, V. 1993. *Analysing Genre*. London and New York: Longman.

Delisle, J. 1981. *Analyse du discours comme méthode de traduction*. Ottawa: University of Ottawa Press.

Francis, G. and Kramer-Dahl, A. 1992. "Grammaticalising the medical case history". In M. Toolan (ed.), *Language*, *Text and Context*. London and New York: Routledge, 56 – 92.

Fraser, J. 1996. "The translator investigated". *The Translator* 2: 65 – 79.

Hatim, B. and Mason, I. 1990. *Discourse and the Translator*. Longman: London.

Nord, C. 1991. *Text Analysis in Translation*. Amsterdam: Rodopi.

PACTE, 2000. "Acquiring translation competence: Hypotheses and methodological problems of a research project". In A. Beeby, D. Ensinger and M. Presas (eds), *Investigating Translation*. Amsterdam/Philadelphia: Benjamins, 99 – 106.

Reiss, K. 1976. *Texttyp und Übersetzungsmethode: Der Operative Text*. Kronberg: Scriptor.

Séguinot, C. 1991. "A study of student translation strategies". In S. Tirkkonen-Condit (ed.), *Empirical Research in Translation and Intercultural Studies*. Tübingen: Narr, 79 – 88.

Seleskovitch, D. 1975. *Langage*, *langue et mémoires: Étude de la prise de notes en consécutive*. Paris: Minard.

Tirkkonen-Condit, S. (ed.) 1991. *Empirical Research in Translation and Intercultural Studies*. Tübingen: Narr.

van Dijk, T. A. 1980. *Text and Context*. The Hague: Mouton.

学生译员翻译能力习得情况测量工具的构建

玛丽安娜·奥罗斯科
巴塞罗那自治大学

引言：翻译能力的概念

在西班牙,学生(大多为中学毕业生)可在几所翻译学院学习四年后获得翻译学位。因此,人们认为,翻译是可以教授的,而翻译教师(在大多数情况下本身就是译员)的任务就是培养学生译员的翻译能力。

虽然在这一点上似乎已达成共识,但尚未有人界定过学生习得翻译能力的过程。事实上,尽管许多学者都论及翻译能力(Krings 1986：501,522；Wilss 1989：140,146；Nord 1991：150,152,155,1996：101；Riedemann 1996：117；Lörscher 1991：41,1992：426；Toury 1991：62,1995：251；Fraser 1996a：72,1996b：87),却很少有人定义构成翻译能力的具体技巧。

在为数不多定义翻译具体技能的模型中,PACTE[1] (PACTE, 2000)小组的模型将翻译能力定义为"进行翻译所需的基本知识和技能体系"。本文即采用这一模型,通过其组成部分来描述翻译能力,见图1。

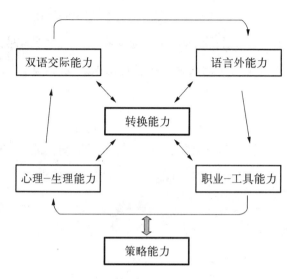

图1:翻译能力的子能力

如图1所示,转换能力是翻译能力的核心,整合所有其他能力。该能力可被定义为根据翻译功能和受众特点,完成从原语文本(ST)到目标语文本(TT)转换过程的能力。转换能力又可被分为几个子能力,包括:(1) 理解能力(分析、综合和激活语言外知识,以掌握文本意义的能力),(2) 脱离语言外壳,保持原语(SL)与目标语(TL)分离的能力(即控制干扰),(3) 重新表达的能力(文本组织,目标语的创造性),(4) 实施翻译项目的能力(选择最合适的方法)。

在图1中,围绕转换能力,还有其他四个子能力:

1. 双语**交际能力**,可被笼统定义为语言交际所需的基本知识和技能体系。根据卡纳莱(Canale)(1983)的观点,此处对语言、话语和社会语言几部分进行了区分。对于译者来说,该能力应分为原语的理解和目标语的产出。

2. **语言外能力**由世界性知识和专业知识组成,可根据每次翻译情境的需要而激活。其子成分可包括关于翻译、双文化、百科知识和主题知识等的显性或隐性知识。

3.**职业-工具能力**由与行业工具和职业相关的知识和技能组成。其子成分可能极为多样：各种文献资料和新技术的知识和运用，对职业市场的了解（翻译任务要求等），以及职业译员行为规范，尤其是译员职业道德。

4.**心理-生理能力**可定义为运用各种意识活动、认知资源和态度资源的能力。

其中最重要的可能是阅读写作所需的意识活动技能、认知技能（如记忆力、注意力、创造力和逻辑推理能力）、心理态度（如求知欲、毅力、严谨、批判精神和自信心）。

如图1所示，翻译能力的最后一个子能力是策略能力，包括用于解决翻译过程中所发现问题的所有个人行动，包括有意识和无意识、语言和非语言的行动。这一解决问题的过程可描述为从初始状态到目标状态的一系列行为，或循环往复的复杂行为。这一过程存在多个阶段，第一阶段是识别问题的存在（Sternberg 1996）。常见策略有：区分主次观点、建立概念关系、搜索信息、转述、回译、出声翻译、有条理地进行检索等。

本文的总体目标是对习得翻译特定技巧和能力的整个过程提出新的观点。这一点十分必要，有助于发现有效的翻译教学方法，以指导学生译员的学习。

鉴于这一目标十分宏大，本文将聚焦实现该目标的第一步：构建翻译能力习得情况的测量工具。这些测量工具已在一个研究项目的框架内经过设计和试行，后文将具体介绍该项目情况。

研 究 方 法

直到20世纪80年代中期，翻译研究领域的许多实证性研究都采用归纳法、理论思辨法和观察法。然而，图里（Toury）（1995：1）认为：

[······]实证性学科旨在以系统可控的方式解释"真实世界"的特定部分。因此,只有涵盖恰当的描述性分支,实证科学才能自称完整且(相对)自主,因此描述、解释和预测与其对象层面有关的现象就是这样一门学科的主要目标。

过去十年间,已出现了一些实验研究,但其中大多数都缺乏普遍接受的科学方法论[2]定义中必不可少的一些部分。纳赫米亚斯和纳赫米亚斯(Nachmias and Nachmias)(1982:22)认为:

科学知识是可以通过理性和经验(观察)验证的知识。逻辑有效性和经验可验证性是科学家用来评价知识主张的标准。这两个标准通过**研究过程**转化为科研人员的研究活动。

图 2 显示了研究过程发展的七个主要阶段的循环,其过程如下:发现问题,形成假设,在此基础上进行研究设计,然后开展测量,收集数据、分析数据,得出结论,并进行概括,然后可能又会引出另一个问题,再提出一个假设,以此类推。在每个阶段,该过程都与处于研究过程中心的理论(此处指翻译理论)相互作用并相互依赖。

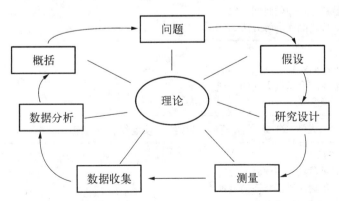

图 2:研究过程的主要阶段(Nachmias & Nachmias 1982:23)

按照这一循环步骤,才能保证可复制性和将推断结果应用于翻译教学的可能性。本研究项目就采用了这一方法。

研 究 设 计

本研究项目旨在测量大学翻译专业学生的翻译能力,特别是第一阶段的学习过程(第一年学习),并且只关注从外语(此处指英语)译入母语的翻译。这点十分重要,因为附录中的测量工具专用于测量该类型的翻译,而非母语译入外语的翻译。

这些测量工具经过了一系列的试测,历时三年(1996—1999),其间经过改进并进行了信度及效度测试[3]。

我们认为,任何想调查和更多了解学生翻译能力习得过程的翻译教师都能采用此处提供的研究设计。图 3 显示了研究设计的主要内容。事实上,这只是模型,因此可以根据研究者的关注点酌情进行修改。

1. 建构:第一阶段翻译能力习得。
2. 自变量: (1)接触翻译培训的时间。 (2)接触特定翻译训练方法 A。
3. 因变量: (1)学生在面对翻译问题时的表现。 (2)学生在翻译错误方面的表现。 (3)翻译概念。
4. 受试者:大学一年级学生,随机分为两组:实验组和控制组。
5. 测量工具: (1)测量面对翻译问题时的表现。 (2)测量在翻译错误方面的表现。 (3)测量习得的翻译概念。

（续图）

6. 假设：
(1) 随着翻译训练的进行，受试者会发现并解决更多翻译问题。
(2) 随着翻译训练的进行，受试者犯的错误会越来越少。
(3) 随着翻译训练的进行，受试者会习得更多翻译概念。
(4) 如果受试者遵循训练方法 A，受试者会发现并解决更多的问题。
(5) 如果受试者遵循训练方法 A，受试者犯的错误会越来越少。
(6) 如果受试者遵循训练方法 A，受试者能习得更多翻译概念。

图 3：主要研究内容

如图 3 所示，本项目研究的是第一阶段（即翻译专业第一年）学生翻译能力习得的过程。

受试者在翻译能力习得方面的进展根据两次测量来确定，一次是在受训者开始学习时（学习的第 0 个月），另一次是在第一年结束时（学习的第 8 个月）。两次测量分别称为 M-1 和 M-2。

样本包括所有要研究的受试对象，在本研究中，即选择了研究人员所关注语言对（英语-西班牙语）翻译的大学一年级学生。所有样本随机分成两组，一个实验组和一个控制组。检验假设(1)(2)和(3)时，不需要控制组，因其仅涉及自变量(1)（时间），但检验涉及所用教学方法的假设(4)(5)和(6)时，则需要控制组。研究者只有通过控制组才能保证 M-1 和 M-2 所得结果之间的差异是由特定教学方法带来的。如果两组（实验组和控制组）M-1 的结果相同，而 M-2 的结果显示两组之间有差异，该差异则可归因于教学方法。

构建测量工具

研究人员选择了三个因素作为因变量，即翻译能力习得进展的指标：翻译问题、翻译错误和翻译的一般概念。基于这三个因素，分别构建三个测量工具。

翻 译 问 题

诺德(Nord)认为(1991：151)，翻译问题是"每个译者[……]在特定翻译任务中必须解决的客观问题"。因此，翻译问题可能出现在翻译过程的任何阶段，且能够观察到(如下文所述)。解决翻译问题时，受试者肯定会展示其翻译能力。鉴于这三个特点，翻译问题可成为翻译能力习得进展的可靠指标。

翻 译 错 误

翻译错误(Nord 1996：96－100)通常源于未被解决或未被恰当解决的翻译问题。同样，翻译错误也能观察到，且可能发生在翻译过程的任何阶段，也是衡量受试者翻译能力的指标。翻译错误也具有与翻译问题相同的三个特点。

翻 译 概 念

最后是翻译的一般性知识或翻译概念，这决定了学生的整个翻译过程，因为学生会根据自身对于翻译的认识，对特定翻译任务设立一个特定目标，这将决定他们在整个翻译过程中如何解决翻译问题。因此，学生在原语文本中发现问题时，可能忽略该问题或尝试解决问题。学生如果决定解决该问题，原因则是该生希望目标读者能以某种方式理解或接受目标语文本。只有该生对此次翻译目的及通常如何处理翻译任务有一个特定的概念时，才有可能这么做。如果不存在这一概念，学生便不会设立目标。在此情况下，错误(和/或未解决的问题)可能源于缺乏翻译常识概念的知识。同样，这个因素也具有上文提到的三个特点：可观察,可能在翻译过程的任何阶段影响受试者,是衡量受试者翻译能力的指标。

研究人员将通过测量学生在翻译问题、翻译错误和翻译概念这三个方面的表现来确定其翻译能力习得的进展。该研究项目在学习开始时(第 0 个月)和第 8 个月进行测量。0 级是指每个学生在 M-1 时获得的结果;经过 8 个月学习进行第二次测量(M-2)后,研究人员比较 M-1 和 M-2 结果,应能生成学生进步情况的具体数据。每个学生在 M-1 时的学习基础不同,而这些工具测量的是学生的进步情况。

任何翻译教学机构的教师都可如此使用三种测量工具,研究任何语言对翻译中的学生所取得的进步。

测量工具的应用和评估

经过一系列的试测研究,研究人员决定 M-1 和 M-2 中每个要素(翻译问题、翻译错误和翻译概念)应使用同一份问卷(见附录)进行测量,其中包含三个工具,学生可在两小时内完成问卷。附录是问卷的删减版,为节省空间,删去了产生定性数据的问题。

翻译概念工具

该工具是一个包括 12 个有关翻译和翻译能力常识概念问题的测试。附录中的测试题虽没有排序,但有 6 个问题对应翻译概念(1、5、6、7、8 和 12),6 个问题对应翻译能力概念(2、3、4、9、10 和 11),因此,两类问题的题项数量保持了平衡。

每个问题最高可得 1 分。其中 6 道题(7 至 12 题)为对错判断,便于答题和评估,正确回答可得 1 分,答错则减去 0.5 分。如此,可消除随机因素(学生仅通过猜测获得正确答案)。

第 6 题则不同,要求受试者用下划线作答;正确作答要在所有因素下划线,每划对一个因素得 0.1 分,不设扣分,因此容易评分。由于有十种可能的下划线处,猜测起来十分困难,因此随机因素影响微乎其微。

最后,第 1、2、3 和 4 题是开放性问题,需谨慎评阅,这取决于教师/研究人员所教授的概念。但由于每个问题最高得分为 1 分,所以确定答案评估方法并不困难。例如,在问题 1 中,研究人员建议受试者应在其定义中提到 5 个要素:(1)语言(外语理解能力和目标语产出能力);(2)文本作为翻译单位;(3)言外参数(百科知识、文化知识、专业知识等);(4)交流行为(客户、翻译功能或读者等要素);(5)心理过程(该过程不限于语言而且包括思维能力)。根据答案的详尽程度,5 个要素每个分别酌情打 0.1 或 0.2 分。由于没有随机因素,这些开放性问题不设负分。

翻译问题工具

如附录所示,学生需要按照翻译任务纲要翻译一篇文章,然后回答一个问题,其中包括四个部分。

待译文本后已经标出了四个主要问题,每个问题分别对应以下不同类型:语言问题、转换问题、言外问题和语用问题。该文本和四个问题由几位专家确定并一致同意,然后研究人员在学生中进行了几次试测以保证其效度,在此不做赘述。

关于如何应用该工具,研究人员认为要重视解决翻译问题的三个不同阶段:(1)发现问题;(2)选择解决问题的正确策略;(3)解决问题。根据受试者回答情况打 0、1 或 2 分。若受试者没有发现问题,得 0 分;发现了问题但未能解决问题,或没有运用正确策略来解决问题,则得 1 分;若恰当解决了问题,则得 2 分。

结合译文与翻译后需回答的问题,可以简化判断学生得 0 分、1 分或 2 分的流程。对译文进行首次评估时,学生每解决一个翻译问题得 2 分。若出现译文并未解决翻译问题的情况,阅卷人则可参看受试被问及的问题(见附录),即受试是否发现文本中一些片段存在上述提到的四个问题中的一个。受试者若回答"是",那么可认为其正确地发现了问题,可得 1 分。若回答"否",则说明问题未被发现,得 0 分。

错误评估工具

错误评估工具类似于翻译老师在课堂上进行的**正常评估**。在翻译问题工具中,受试者所译文本就是待评文本。因此,该工具无须受试者付出任何额外努力或时间,只需研究人员批阅。

研究人员提出的评估体系由乌尔塔多(Hurtado)(1995)所设计。基础分是 20 分,受试者每回答一个合适的解决方案就加 1 分,出现小错误就减 1 分,大错误减 2 分。然而,任何评分体系都能搭配这一工具使用,保证 M-1 和 M-2 使用相同体系即可,重点是在整个实验过程中评估标准需保证一致。

结　　论

在一年的教学结束时,使用上述三种测量工具评估受试者表现,M-1 和 M-2 的测量结果应可以确定学生在习得翻译能力方面是否有所进步;比较三个工具分数中的单项情况可确定学生的进步程度。任何语对的教师都能借此结果衡量学生在第一年学习中的进步情况。

同样，该工具也能测量两组水平相似的受试者，一组使用某种教学方法，一组使用另一种教学方法。如果两组学生年初成绩相同，而年底成绩不同，那么这种差异大多可归因于教学方法。两位教师可同时授课，或同一位教师连续两年进行授课，来比较不同的教学方法。比较结果或有助于评估不同教学方法的效果。

无论如何使用测量工具，重点是能以某种方式测量学生的进步，以便深入了解学生学习翻译的方式。通过多次使用相同的工具，研究人员可得知翻译问题是否总是与翻译错误有关，学生是否首先学会发现问题，然后再解决问题，以及学生随着自身对翻译概念的理解的加深，使用翻译策略（用于解决问题）是否更为熟练。我们甚至可以找到许多其他相关问题的答案。

现阶段，以上测量工具已进行了试验，效果良好，并通过了信度和效度检验。因此，它们可用于类似本文所述研究项目或其他基于本文所述模型的项目中。

附　　录

翻译概念工具
翻译问卷
姓名：
出生日期：

请按顺序完成以下三个练习。您将有两个小时用于作答。您的姓名对评分员保密，因此您的答案将不影响本课程的成绩。请根据第一印象诚实回答。

请务必按顺序回答问题,不要回看已经作答的问题。如有疑问请举手示意,我们会尽力提供帮助。

1. 翻译常识概念问卷

在这份问卷中,您会发现有三类问题。

A. 多项选择题。答题时,请在您认为的最佳答案上画圈。例如,a)是正确答案。

ⓐ

b)

c)

B. 对(T)/错(F)判断题。您如果认为该陈述正确,就在 T 上画圈;认为该陈述错误,就在 F 上画圈。在下例中,答案为正确。

Ⓣ

F

C. 开放式问题。请在每个问题下面的虚线上写下您的看法。

准备好后可立即作答。

1. 您认为什么是翻译? 请用一句话定义。

....

2. 一个称职的译员应知道什么? 请列出最重要的几点。

....

3. 哪些工具可帮助译者进行翻译? 请列出您知道的所有工具。

....

4. 请列出职业译员可能需要做的所有不同种类的翻译。

....

5. 翻译时,您认为翻译的基本单位是什么?

a. 词语

b. 句子

c. 其他: ....

6. 请用下划线标出您认为干预翻译的要素。

客户　　原作者　　原文的社会文化环境

原文产生日期　　译文的社会文化环境

翻译日期　　原文读者　　译文读者

原文功能　译文功能

7. 翻译时遇到的主要问题是词汇问题。

T　F

8. 英国公司"WHL Inc."有一份销售合同需要翻译,如果您是为想在审判中使用合同作为证据的律师翻译,或者是为一家附属于"WHL Inc."公司且需要与其他西班牙公司签订合同的西班牙子公司翻译,您产生的译文会有所不同。

T　F

9. 所有译员都应能够像译入他们的母语一样有效地译入外语。

T　F

10. 一个称职译者应能以同样效率翻译所有类型的文本。

T　F

11. 译者在译前阅读文本时,过程与其他读者阅读该文本时相同。

T　F

12. 双语词典是用来寻找目标语中适当对等表达的主要工具。

T　F

翻译问题工具

2. 请将下列文本从英语译入西班牙语(1 小时)。

请结合翻译任务纲要翻译以下试题。您可以在白纸上打草稿,但最终译文应写在本文件夹的第 5 页。

翻译任务纲要:一家西班牙公司决定开办类似"作家事务局"的业务,在马德里设办事处,教授西班牙语写作。您需要翻译以下广告(见文件夹第 4 页),原文摘自《卫报》头版。您的译文交付给《国家报》后,将一字不差地发表在这家西班牙语报纸上。

原文:

Advertisement

Would you like to be a writer?

By Nick Daws

Freelance writing can be creative, fulfilling and a lot of fun, with excellent money to be made as well. What's more, anyone can become a writer. No special qualifications or experience are required. The market for writers is huge. In Britain alone there are around 1,000 daily, Sunday and weekly papers, and more than 8,000 magazines.

The Writers Bureau runs a comprehensive correspondance course covering every aspect of fiction and non-fiction writing. The 140,000 word course is written by professional writers and has been acclaimed by experts.

Why not be a writer?

First-class home study course gets you a flying start. Earn while you learn. Expert tutors, personal guidance, help to sell your writing, and much more! It's ideal for beginners. Details free. No cost. No obligation. Send the coupon.

Name: Address:

Telephone: Postcode:

（此表为本书译者所译——译者注）

3. 译文问卷

请回答下列有关您所译文本的问题。若题后空间不够,可将问题编号抄于页尾,或抄在本页背面,在空白处写下答案,答题空间不限。您可参考原文(文件夹第 4 页)与译文(文件夹第 5 页)回答下列问题。

1. 您认为下列部分构成翻译问题吗?

A:"flying"(第 21 行)

a. 是

b. 否

B：“Sunday and weekly papers”（第 11 行）

a. 是

b. 否

C：“It is ideal for beginners. Details free. No cost. No obligation. Send the coupon.”（第 22—23 行）

a. 是

b. 否

D：“Britain”（第 10 行）

a. 是

b. 否

注　　释

1. PACTE 小组由巴塞罗那自治大学十位翻译教师组成：A. 毕比（A. Beeby）、L. 贝伦格尔（L. Berenguer）、D. 恩辛格（D. Ensinger）、O. 福克斯（O. Fox）、A. 乌尔塔多·阿尔维尔（A. Hurtado Albir）、N. 马丁内斯·梅利斯（N. Martínez Mélis）、W. 诺伊恩齐希（W. Neunzig）、M. 奥罗斯科（M. Orozco）、M. 普雷萨斯（M. Presas）以及 F. 韦加（F. Vega）。小组成员主要对翻译能力、翻译能力习得、能力培养的教学建议和翻译能力评估进行实证性研究。

2. 参见图里（Toury）1995：239–240。

3. 研究设计和工具，以及信度和效度检验都是作者博士论文的一部分（参见 Orozco 1997），由巴塞罗那自治大学翻译系安帕罗·乌尔塔多·阿尔维尔（Amparo Hurtado Albir）和玛丽亚·卡门·比拉德里奇（Maria

Carmen Viladrich)指导。

参 考 文 献

Canale, M. 1983. "From communicative competence to communicative language pedagogy". In. J. C. Richards and R. W. Schmidt (eds), *Language and Communication*. London: Longman, 2-28.

Fraser, J. 1996a. "The translator investigated: Learning from translation process analysis". *The Translator* 2: 65-79.

Fraser, J. 1996b. "Mapping the process of translation". *Meta* XLI(1): 8496.

Hurtado, A. 1995. "La didáctica de la traducción. Evolución y estado actual". In P. Fernández and J. M. Bravo (eds.), *Perspectivas de la traducción*. Valladolid: Universidad de Valladoli, 9-74.

Krings, H.-P. 1986. *Was in den Köpfen von Übersetzern vorgeht*. Tübingen: Narr.

Lörscher, W. 1991. *Translation Performance, Translation Process and Translation Strategies: A Psycholinguistic Investigation*. Tübingen: Narr.

Lörscher, W. 1992. "Investigating the translation process". *Meta* XXXVII(3): 426-39.

Nachmias, C. and Nachmias, D. 1982. *Research Methods in the Social Sciences*. 2nd ed. London: Edward Arnold (Hodder and Stoughton).

Nord, C. 1991. *Text Analysis in Translation*. Amsterdam: Rodopi.

Nord, C. 1996. "El error en la traducción: categorías y evaluación". In A. Hurtado (ed.), *La enseñanza de la traducción*. (Estudis sobre la traducció 3). Castellò: Universitat Jaume I, 91-107.

Orozco, M. 1997. La adquisición de la competencia traductora en su fase inicial: planificación de una investigación experimental y selectiva Unpublished MA thesis. Barcelona: Universitat Autònoma de Barcelona. FTI.

PACTE, 2000. "Acquiring translation competence: Hypotheses and methodological problems of a research project". In A. Beeby, D. Ensinger and M. Presas (eds.), *Investigating Translation*. Amsterdam/Philadelphia: Benjamins, 99-106.

Riedemann, K. 1996. "Cognition and translation didactics". *Meta* XLI(1): 114-117.

Sternberg, R. J. 1996. *Cognitive Psychology*. Fort Worth, etc.: Harcourt Brace.

Toury, G. 1991. "Experimentation in Translation Studies: Achievements, prospects and some pitfalls". In S. Tirkkonen-Condit (ed.), *Empirical Research in Translation and Intercultural Studies: Selected papers of the TRANSIF Seminar, Savonlinna, 1988*. Tübingen: Narr, 45-66.

Toury, G. 1995. *Descriptive Translation Studies and Beyond*. Amsterdam/Philadelphia: Benjamins.

Wilss, W. 1989. "Towards a multi-facet concept of translation behavior". *Meta* XXXIV(1): 129-149.

翻译能力发展研究

翻译能力的评估

贝弗利·阿达布
伯明翰阿斯顿大学

引　　言

在培养翻译能力方面,有待探究的问题之一是如何评估翻译过程的产物——目标语文本。要确定译者已达到的翻译能力水平以及能力中尚待培养的方面,这一点也十分必要。另一个考量问题是评估者如何称职完成这一任务,即对目标语文本做出更为客观、主观色彩较少的判断。本文认为,可以确定一套标准作为译文产出和译文评估的基础。通过认识到不同转换策略的相对优势,谨慎选择潜在翻译方案,有助于提高翻译能力,提升转换能力及译文产出的表现。

笔者还认为,为此制定明确的标准有助于提升译员在译文产出过程中的决策和修改意识。学生译员根据要求专注于不同可行策略和选择的评估后,应能更**有意识地**选择最合适的翻译方案。本文还将试图阐释理论与实践之间的相互依存关系,这对于任何翻译培训项目和翻译能力发展都至关重要。

231

评估目标语文本的目的是什么？

我们可基于不同目的对目标语文本进行评估：评估该目标语文本是否适合目标读者阅读，符合文本用途；评估语言能力（通常为二语或三语）；确定跨文化意识的水平；或确定翻译能力的水平和能力类型。了解评估原因、文本评估标准，界定特定翻译情况下的具体翻译任务，将有助于提升评估准确性。换言之，除了了解目标语文本的目的和用户的需求，在从翻译备选方案中进行选择、从文本整体出发进行修改时，了解译文评估者的预期也十分有效。本文旨在以实例说明，评估目标语文本有助于发现与翻译能力有关的问题，这些问题可参照诺伊贝特（Neubert）（本书中）提出的子能力，即语篇能力、语言能力、主题知识能力、文化能力和转换能力。

高校教育中的翻译

在高校从事翻译教学的翻译学者非常了解不同大学所采用的不同方法，包括英国、欧洲大陆及世界其他国家和地区的大学。这些方法的分类可简单归纳为：第一种，文学性或非文学性文本翻译，这通常取决于翻译项目课程的整体性质。第二种，根据项目课程性质划分。有些项目专注传统，强调通过文学了解文化；有些是现代语言项目课程，强调社会文化环境和职场环境的预期交际需求；还有的是本科专业翻译研究课程，强调理论和翻译实践的结合。本科翻译课程旨在让学生为研究生学习做好准备,最终符合未来职业翻译场景的要求。当然,不同项目课程类型之间往往有重叠之处。

　　此外,也可根据练习的目的,来划分高校采用翻译任务练习的方式。可以是仅出于教学目的,如培养学生对对比语言和风格特征的意识,促进词汇学习和测试,提升目标语流利度,增进对目标语文化中社会政治问题的认识。也可以为了更为复杂的目的,如培养学生对语言的感知,体会如何使用语言,在不同文化间交流经验、思想、情感、社会现实以及认知过程。这一方法借鉴了教学法涵盖的所有能力,但又不止如此,它对学生提出了更为复杂的要求。学生可能会,也可能不会掌握所有这些复杂的能力,部分原因是学生在学校接受的翻译训练形式不同,或是在二语习得的早期阶段引入翻译的方式不同。最后,如前所述,翻译任务练习也可能旨在培养学生的习惯,提升工作表现,帮助学生在职场中(无论是翻译领域还是其他领域)胜任多样而严格的工作。

　　传统观点认为,以上不同方法相互排斥。倡导某种方法有时会忽略其他视角能带来的宝贵洞见。可以说,在大学环境中,无论翻译活动最终目的如何,只要教学方法将翻译视作一种真正的交流练习,学生都能从中受益;换言之,只要一种方法采用了翻译研究理论中的基本原则,且与职业翻译培训课程的目标相结合,就能促进跨文化信息的有效调适。评估的目的是将目标语文本作为翻译能力表现的实践依据,而非衡量语言能力的发展。

　　显然,就翻译培训项目的目的而言,评估二语、三语等语言能力并不是评估目标语文本的主要目标。目标语文本的**可用性**(usability)或**基于特定目的的适宜性**(suitability for intended purpose)标准必然涉及译员的翻译能力,如果这是评价的重点,则必须就翻译能力的定义达成共识。

评 估 框 架

本文重点关注学术(大学)环境中翻译教师对制定翻译文本评估框架的需求。该框架可将评估语言技能发展的需要(似乎需要在翻译教学中采用语言学方法),与对篇章语言学和功能主义路径更广泛的认识结合起来,同时借鉴翻译学者们提出的概念,如斯奈尔-霍恩比(Snell-Hornby)(1988)倡导采用翻译综合研究方法,贝克(Baker)(1992,1996)主张采用跨学科路径。两位学者都提醒我们,若想在翻译课堂中创造合适环境,与学生一起探讨特定的翻译问题,就需要借鉴其他研究领域的概念。此处使用的是**探究**(exploration)一词,而不是**解释**(explanation)。这很关键,因为相比传统方法,本文建议的方法更有成效、更具建设性。传统方法往往是解释性的、以教师为主的、规定性的、囿于语词的。本文所提建议基于非文学翻译能力教学经验,但同样适用于制定文学翻译评估框架。该框架可用于专业翻译课程,也可用于普通本科语言课程来培养交际能力。实施该方法后,第二语言的习得和能力提升将是自然而然的结果,虽然这不是该方法的主要目标。

笔者认为,如果翻译教师/培训师的任务是让学生在语际交流过程中进一步提高能力水平,那么该过程所涉及的不同技能习得必须区别于仅在句法或词法层面上的二语语言能力系统具体测试,也要与一般的母语的修订能力相区分。诸如诺伊贝特和施里夫(Neubert and Shreve)(1992)等翻译学者一直致力于改变将单个符号作为翻译单位的观点,强调微观符号是整体信息的一部分,通过文本这一整体意义单位得以传达。奈达(Nida)(1969)认为,在选择合适的目标语单位来传达特定信息时,要意识到目标语文化的社会文化环境和世界观是起决定性作用的重要因素。图里(Toury)(1980,1995)则强调产出译文时,要参考目标语的文体惯例和语言使用规范,将译文作为目标语文化事实来发挥其功能。赖斯和弗米尔(Reiss and Vermeer)(1984)强调译文在目标语文化中的预期功能十分重要,它能确定适当的目标语符号和形式,向目标读者传递符合其目的的信息。同时,两位学者还强调要了解该目的与原语文本目的是否相同,因为这也会影响目标语的选择。这些学者的研究对于培养如何在特定任务中运用翻译能力的意识不可或缺。

方 法 论

本科阶段翻译学生的二语社会文化经验和语言能力(通常)仍然不足,若不经过语言和文体运用的比较和对比讨论,他们很难做出翻译决策。思考如何恰当探讨这些内容,有助于逐步达到罗宾逊(Robinson)(1995)所说的能力,即翻译时,大部分时间能启动**自动驾驶**(autopilot)模式,只在特定情况和语境下,如给定文本中出现未曾遇到或极少见到的翻译问题时,才会停下来进行有意识的思考和推理。教师可以拿学习驾驶做一个恰当的比喻:你必须能够操作各种独立步骤(如换挡、控速、看后视镜),同时牢记操作这些步骤要实现的总体目标,即安全驾驶。研究生在这方面会有长足进步,但仍需自觉反思翻译能力下的语言能力。霍尔茨-曼塔利(Holz-Mänttari)在其翻译行为理论(1984)中提出,在翻译情境、翻译委托人和目标语文本预期目标等因素的限制下,译者的专业知识是决定成功翻译的必要条件。学生译员如果能学会在这种视角下翻译,将受益匪浅。

驾驶学员需要对驾驶活动的总体目标和功能有一个宏观把握;同时也需了解背后的子程序或行动,以独立或相互合作来实现总体目标。翻译和驾驶之间的一个重要区别也许是,几乎每位司机都能描述汽车控制装置(非常具体的部件,如指示灯、刹车或加速器)能做**什么**,但很少有人能充分了解引擎盖底下的部件**如何工作**以及**为什么**。在翻译中,学生不仅需要了解译文产出背后的决定因素;同时还要能打开引擎盖,解释在文本中,在更为广泛的因素背后,如文本目的、类型和结构,每个独立单元如何与其他单元互动。顺着这一比喻,学生不仅应能够安全驾驶,还应成为合格的诊断技师。本文提出的翻译文本评估方法对子过程进行分析描述,即诺德(Nord)(1997)描述的翻译背景下**有目的的活动**,有助于提升学生对**怎么做**和**为什么**的理解。

对学生而言,这一目标复杂而又苛刻。在大学学位课程开始时,教师就应向学生介绍翻译的基本理论概念,展示这些概念如何为决策提供依据,协助翻译决策评估,论证其合理性,因而与良好翻译实践息息相关,否则这一目标很难实现。学生只有熟悉了明确的标准,并在产出译文时能参考这些标准,才能实现一种更有建设性、客观有效的翻译评估形式。这并不是要否认评估者的主观因素。评估者对原语文本信息的阅读理解、使用目标语的个人习惯,以及对学生能力水平的预期,都是评估体系中的重要组成部分。然而,学生也需要知晓,评估者和被评估者都处在相同框架下,使用相同的评估标准,有着大致相同的语言使用习惯(Robinson 1995)。

评估：界定标准

德利斯勒(Delisle)(1998)认为,只有教给学生相关的元语言,来描述翻译问题和潜在解决方案,才能让学生更清楚地了解**怎么做**和**为什么**。教师应在向学生介绍译文产出标准基础上提出元语言,以便学生借此来说明翻译问题的性质或类型,在广义上包括诺德提出的语用、跨文化、跨语言或特定文本问题。但在探讨翻译问题和可行解决方案时,学生也应能够在特定文本和语境中,解释和描述问题的确切性质,并与该文本的翻译纲要相结合,以证明选用的译文合适得当。

上述考虑应包含在教学过程中,这一过程实际上训练了学生如何在不同的语言和文化中构建和交流信息。学生也要确保其译文选词依据的是对原语信息可靠且可证实的理解。这也是为什么教师必须帮助学生建立一个初步的译前原语文本分析关键框架;在这一框架下对原语文本进行系统分析须最终成为一个几乎下意识的过程。在翻译课堂上,教师和学生可以一起梳理这一过程,讲述理由,一同讨论、辩论、论证,以此作为一种实践和训练。

因此,诺德(Nord)(1991)提出的翻译导向原语文本分析(Translation-Oriented Source Text Analysis)是一个重要的翻译教学工具,能为学生提供一个框架,系统分析自己对原语文本的理解,也可以指导学生产出译文。无论目标语文本的预期功能是否与原语文本相似,对文本类型的识别和对其交际效果实现方式的认识,可以提醒学生注意采用适当的文本类型、文体惯例和语言手段,从而对目标语对象产生类似或相应的效果。这也是学生习得适当元语言的机会,在进入翻译过程的下一阶段前,满足描述和解释原语文本的需要。

学生习得适当的元语言知识后,将进一步参照预先设定的评估标准,来解释和论证翻译策略和决定。这套标准既要能适用于更广泛的应用场景,也要能具体应用于当下的翻译情境。标准也应关乎目标语文本的预期目的、文本使用者的需求、使用情况、文本类型惯例和系统内语言限制等因素。衡量以上内容的确切参数可适用于所有文本/信息类型,一些翻译学者的研究涉及了这一内容,如诺伊贝特(Neubert)(1992)(文本特征和文本产出);诺德(Nord)(1997)(文本分析、翻译问题和策略);切斯特曼(Chesterman)(1997)(规范、惯例、策略、决策)。在语言相关问题方面,维奈和达贝尔内(Vinay and Darbelnet)(1977)仍然具有可靠的借鉴意义。

对于翻译教师来说，最根本的问题是选择其研究与课程总体目标相关的学者作为评估标准参考，以便学生在决策过程中应用这些标准作为自我评估的基本原则，在译文**产出后**也能如此。

如果学生在处理每份待译文本时都有明确标准来理解文本信息，采用相同框架来评估和选择适合特定情境和背景的解决方案，那么有关学生翻译能力的所有评估都能采用这一框架，并在评估者相对主观性的制约下，尽可能公平一致地加以应用（参见 Adab 1998）。采用此类评估的一种方式是设置一项任务，其中不仅涉及翻译行为，还包括加注释说明如何、为什么、根据哪些标准做出翻译决策。介绍文本时，要以翻译为导向分析文本的类型、功能、显性交际意图、关键主题、文体和语言手段，这可以解释学生对原语文本及其类型和目的的理解；对评估员而言，则能解释误解原语文本或目标语选择不当的原因。评估目标语文本则将在译者设定的参数内进行，以确定与翻译能力有关的问题。潜在的翻译问题应定义为需要解决方案的意义单位，在语际转换时，为找到解决方案，译员需要更积极的思考、评估翻译决策并确立最合适的目标语单位。翻译问题可基于最适合评估目的的类别进行分类，可采用单一方法，如语言学或篇章语言学，也可以结合多种不同方法的特点，这就需要学生综合和理解这些不同的方法，该过程较为复杂。以书面形式讨论并解释个别问题能引发关于实践的反思过程，从而直接影响决策。这种反思最好能内化为最终修订过程的有机组成部分。以逻辑和推理的方式进行反思也将有助于培训。

评估：实例分析

多年来，上述方法一直用于评估最后一年职业翻译课程的翻译决策，其修改版也成功用于最后一年的普通书面语言课程中。直到最近,阿斯顿大学才在新的现代语言和翻译学本科学位课程中,为一、二年级学生开设了更多翻译专业课程。课程中,翻译要求和任务都与现实生活情境息息相关。

本文将以最后一年选修课程"职业翻译理论与实践"中,学生的考试文本为例说明该方法如何使用。本课程中,学生将法语(通常是第二或第三语言)译成母语(大部分情况下英语是学生的母语,在该课程中假定如此)。课程旨在模拟职业翻译环境中的某些情形,强调信息技术在整个翻译能力中的重要作用(以计算机为工具,使用网上的各种资源),所以课程和期末考试均在计算机实验室进行。学生能使用文字处理器,分屏显示原语文本和目标语文本,可使用各种电子词典(单语和双语词典)及其他互联网资源,查阅每种语言的平行文本。必要时,学校还额外提供纸质专业词典,供学生考试期间查阅。考试时间为三个小时。为了反映上文所述的翻译能力(知道**如何**翻译和**为何**翻译)的重要性(理解原语文本、识别潜在翻译问题、比较和对比选择翻译解决方案、根据翻译任务要求修改目标语),翻译即目标语文本分数权重占 60%,注释占 40%。学生会收到一份纸质考试文本,也可通过系里的网络获得电子版,以便在电脑上阅读对比。学生使用文字处理软件,可以灵活修改译文,翻译速度更快,保留不同的备选翻译方案,在做出最终决定之前,综合文本整体考虑这些方案。

给学生的文本通常是完整文本,或是稍长文本的一个完整章节,后者会同时提供文本其余内容作为背景材料。评估应避免选用含有特定领域专业术语的文本,也不选用可能需要学生搜索大量词汇的文本,因为学生注意力可能会因此分散,无法专注于理解原语文本,评估译文决策。学生需阅读全文,翻译大约 400 词的内容,然后写一份以翻译为导向的文本介绍,并对这部分的翻译问题加以注释。具体的翻译问题已事先确定,以便评估者比较学生的表现。每周分析不同文本时,诺德的翻译问题类型将作为分析基础,包括确定问题、进行讨论、论证不同的潜在解决方案。如同在考试中写注释,学生应在课堂讨论中,基于课程所教授的不同方法来理解标准,并据此来描述和论证自己选择的翻译问题解决方案。

然而,为学生指定翻译问题毕竟是人为主观的评估形式,侧重于考查添加注释,而不是学生对如何应用评估标准的实际理解情况。为进一步测试学生,了解他们对相关过程的理解,教师还要求学生从**未**翻译的文本中选择一定数量的翻译问题,写下对应的注释。针对一种问题类型,学生须选择两个或两个以上的实例,并解释问题的具体性质,以表明自己能独立识别问题,这也是选择解决方案的前提。

对学生作业进行评分时,教师要注意翻译能力的不同方面。首先应将整篇译文视为目标语文本进行阅读,检查译文是否连贯,整体能否接受,可读性如何。在不对照原语文本的情况下,评估者依据译文是否实用、能否满足受众的预期功能,以字母等级的形式给译文打分。评分基于大学普遍采用的百分数计分和预先确定的标准,包括有用性、可使用性和目的适当性程度。这些标准已向学生解释过,大致对应等级如下:

A级:高度契合文本功能,以文本类型可接受的语言和文体准确表达信息,语言、文体和信息方面很少或几乎没有错误;在不参照原语文本的情况下,译文读起来如同用目标语书写的文本一般流畅。

B级:总体上契合文本功能,在语言、文体、信息方面有些小错误,但修改后译文仍可使用;总体上读起来像是用目标语书写的文本,但也有迹象表明译自原语文本。

C级:部分内容适当,但有一些明显的错误;只有同时获得原语文本、了解一些原语知识后,才能充分使用译文。

D级:整体而言不太适当,误导性较大,存在大量重大错误,无法用于满足既定目的。

E 级：几乎无法接受，几乎无法辨认信息，读起来几乎像是语言水平不高的学生进行的直译，整体内容不准确。

F 级：不可接受，无法使用，无法理解译文的任何内容，即使参考原语文本，也难以理解译文信息；错误之多不可接受。

然后，评估者再次阅读文本，细致认真，带有批判性眼光，记录并以下划线标出所有的**错误**。学生会在课程开始时得到一份批改代码，上面列有不同类型问题的缩写，包括：V-词汇，S-句法，P-标点，Reg-语域；INT-意图，SIT-情景信息，COH-连贯性等。满分为 100 分，若出现任何（可视为）不恰当的翻译解决方案则要扣分；根据错误的严重程度（基于信息传达或特定标准），一个错误酌情扣除 1 到 3 分。相反，任何特别恰当和/或令人满意的译文（词汇、句法、文体、译文产出的其他方面）都会额外加分。重点考查的因素反映学生的信息传递能力，其中包括：

1. 语言准确性：在大学课程的这一阶段，学生的外语能力应已接近母语水平，因此，原语（通常是二语，有时是三语）的理解错误同目标语（通常是母语）的输出错误一样，都要扣分。这不是为了测试语言能力，而是测试学生理解原语信息并以适当文体使用目标语写作的能力。此处错误是指任何不适合该语言语域和文体的内容，或是不准确的表述（语法、拼写、标点符号、大写字母的使用）。学生还应对两种语言系统之间的异同（形式/功能）有高度的比较和对比意识，以便选择最为合适的目标语单位。

2. 信息准确性：涉及主题知识、原语作者的意图、特定对象在目标语文化中对目标语文本的预期功能、原语文化中的情景和背景知识。此处学生可以展示他们是否了解原语文化，能否理解以复杂语域和文体写作的原语信息。此处错误是指任何误解或歪曲原文和翻译任务要求有关的信息。在翻译要求的制约下，原语文本信息应能得以重现。

3. 对原语和目标语受众知识及需求应有的了解。根据误译、增译或漏译对整体信息和/或信息个别细节的影响,酌情扣分。

4. 原语文本中的互文指涉:根据翻译要求和目标语受众情况,应解释、改写、补偿、明显化或隐化,或直接省略互文指涉。

5. 译文可接受性/可读性:恰当使用语言(语域/文体),考虑文本连贯性(逻辑信息/概念结构)和衔接手段等;应尽可能使用相关的目标语表达规范,如原语文本中的特定效果若无法在目标语中得以重现,则需进行补偿。

根据扣分或加分情况算出总分,满分为 100 分。最后,重读文章,看最初的评估(字母等级)与细化评分的结果是否对应一致(字母等级与百分制换算关系:A = 70 + ;B = 60—69;C = 50—59;D = 45—49;E = 40—44;F = <40)。加号和减号可以用来表示落在这一范围内的分数,例如B− = 60,B = 64,B + = 68。此时评估人员需进行总体判断,考虑所有使用标准如何影响译文的用处,以便在该分数范围内给出最终的总体分数和百分比,然后将该分数按比例换算成总分的 60%。

注释部分赋正分。评估人员给所有相关的注释评论打钩并赋分,满分最高100分。得到的总分按比例换算成总分的40%。评估注释旨在让学生展示所学知识,因此,不准确的推理注释应该忽略,而不应减分。相反,即使实际的译文选词并不是最合适的表达,但只要学生的论证和推断合理,也能得分,因为这部分评估旨在考查学生参考翻译理论支持其翻译决策的能力。学生只要掌握了适当的合理决策机制,自身翻译决策能力最终会在实践经验的帮助下得以提升。

如果以上评分步骤都在学生试卷上清楚标出,最终得分应有合理依据。当然,评价总会有主观因素,但随着评估者经验的增加,一次性批改一组试卷可以提供学生间的可比性,因而这些主观因素可以抵消。在此(相对的)常模参照下,就可进行标准参考。学生也会因尝试运用理论知识和推理得到奖励而感到高兴,即使自己的最终译文受到了质疑。如此一来,学生能知道自己的分析哪里不够缜密可靠,也能发现自己的译文决策为何不够恰当。

要写出相关的书面注解且表述恰当,学生必须理解课程中讨论的理论原则,习得并理解如何使用适当的元语言。理论原则和元语言这两个领域的知识将通过实践而得以内化,学生就能够在合理解读和判断的基础上系统提升翻译表现。因此,学生个人的整体翻译能力的水平和性质会反映在后续的翻译问题讨论环节。整体翻译能力涵盖评估过程所涉及的不同子能力,包括:理解原语信息;比较和对比性语言和文化知识;研究能力;主题知识;转换策略、决策、从备选方案中选择译文;目标语文本产出。

因此,撰写注释可作为一种诊断工具,确定学生在哪些阶段和技能上仍存在问题。为了使注释达到这一诊断目的,在翻译研讨课中,无论是对口译还是笔译文本的讨论,都需采用同样的方法;该方法还要满足实际评估过程的要求,以系统、一致的方式制定。在翻译课上,这种性质的定期讨论能训练学生采用可推广复制的方法来完成翻译任务,比如应用理论原则;学生经过反思,了解了他人的洞见后,意识和整体能力也能得以提高。批判性评估要求通过理性论证来证明决策合理性,因而学生在翻译时能采取更加自省、更加批判的方法。

结　　论

大学教学环境中的翻译评估是一个棘手的问题,只有在设定明确课程目标的前提下才能解决。这些目标要通过评估个人的翻译产品或译文后,才能用于评估能力习得和进步的情况。学生需要知道在翻译课上,教师对他们有哪些期望,自己应通过哪种翻译练习来发展哪些技能或子能力,需要获取哪些知识(包括翻译理论、特定主题和其他特定领域知识、语言和文化知识)。学生还需要了解,各种子能力如何通过影响翻译过程和表现,与总目标**翻译能力**相关联。鉴于翻译过程及译文(过程产物)评估的性质,学生们还需认识到实际的评估工作不仅在范围和性质上应是真实的,还要尽可能客观、可以经过合理论证。学生若能得到如上所述的框架,就会发现翻译可以包括系统分析和验证,也可以是一个创造性过程。结合这两种技能将有助于学生的翻译和交际能力全面发展,这对称职的译者来说必不可少。

参 考 文 献

Adab,B. 1998. "Evaluer les traductions en fonction de la finalite des textes". In J. Delisle and H. Lee-Jahnke (eds.), *L'Enseignement de la Traduction et la Traduction dans l'Enseignement*. Ottawa: Les Presses de l'Université d'Ottawa, 127 – 133.

Baker,M. 1992. *In Other Words*. London: Routledge.

Baker,M. 1996. "Linguistics and cultural studies". In A. Lauer et al (eds), *Ubersetzungswissenschaft in Umbruch: Festschrift für Wolfram Wilss*. Tübingen: Narr, 9 – 19.

Chesterman,A. 1997. *Memes of Translation*. Amsterdam/Philadelphia: Benjamins.

Delisle,J. 1998. "Le métalangage de l'enseignement de la traduction d'après les manuels". In J. Delisle and H. Lee-Jahnke (eds.), *L'Enseignement de la Traduction et la Traduction dans l'Enseignement*. Ottawa: Les Presses de l'Université d'Ottawa.

Holz-Mänttari,J. 1984. *Translatons ches Handeln. Theorie und Methode*. Helsinki: Suomalainen Tiedeakatemia.

Neubert,A. and Shreve,G. M. 1992. *Translation as Text*. London: Kent State University Press.

Nida,E. 1969. *Towards a Science of Translating*. Leiden: Brill.

Nord,C. 1991. *Text Analysis in Translation: Theory, Methodology and Didactic Application of a Model for Translation*. Amsterdam: Amsterdamer Publikationen zur Sprache und Literatur.

Nord,C. 1997. *Translating as a Purposeful Activity: Functionalist Approaches Explained*. Manchester: St Jerome.

Reiss,K. and Vermeer,H. 1984. *Grundlegung einer allgemeinen Translationstheorie*. Tübingen: Niemeyer.

Robinson,D. 1995. *The Translator's Habit*. London: Routledge.

Snell-Hornby,M. 1988. *Translation Studies: An Integrated Approach*. Amsterdam/

Philadelphia: Benjamins.

Toury, G. 1980. *In Search of a Theory of Translation*. Tel Aviv: The Porter Institute.

Toury, G. 1995. *Descriptive Translation Studies and Beyond*. Amsterdam/Philadelphia: Benjamins.

Vinay, J-P. and Darbelnet, J. 1977. *Stylistique Comparée de l'Anglais et du Français*. Paris: Didier.

译入外语的翻译评估

杰拉德·麦卡莱斯特
坦佩雷大学

背　　景

  本文从对供职于教育机构或职业组织的职业译员的认证角度来讨论翻译评估问题。人们普遍认为,符合职业标准的翻译只能由译员译入自己的惯用语言。然而,在许多国家,第一语言不是世界主要语言,也缺乏以世界主要语言作为惯用语言的译员,但又存在着译入这些主要语言的强烈需求(McAlester 1992),而且这种翻译最好由经过正规培训和认证的译员完成。坎贝尔(Campbell)(1998)曾言之凿凿地提出译入外语的必要性。然而,这些译员能够胜任的文本通常在类型上与分配给译员译入母语的文本不同。例如,译员不太可能专业从事将文学作品译入其非惯用语的工作,除非是作为合译者或从属于一个团队,对译文质量的要求也不会像对母语译员的要求那样高。从经济角度看,要求译文完美无缺(且先不论何为完美)也并不总是合理或必要的。即使有必要如此,对译员的要求也至多是译文达到可由母语者编校润色的程度即可。因此,提供职业资格课程的高校和认证机构在其评估中应考虑这一现实情况。

　　各国翻译认证的做法不尽相同。在一些国家（如波兰），认证由职业机构依据译员过往的翻译工作进行推荐和认可；有的国家则是通过考试认证（如英国、美国），还有许多国家将大学的翻译专业培训作为职业资质条件，还有的国家对以上方法进行不同组合。以接受大学培训作为获得充分资质的国家，必须保证培训的职业性特点，不能仅仅是现代语言课程的分支，主要关注文学和/或语言学。近几十年来，许多国家都设立了专门的口笔译培训课程，已逐渐实现这一点。然而，这样的培训课程应该满足一个基本要求，即对学生的翻译进行评估时，应能对他们**潜在的**职业能力具有预测价值。换言之，学生完成这些课程并不意味着他们已成为驾轻就熟的职业译员，他们获得的学位是一种过渡性资格，这也许才是合理的。

　　鉴于大学教学的性质，对学生表现的评估可在较长时间进行，没有必要依赖一次性的期末考试，尽管许多大学系统都要求进行期末考试。相比之下，职业机构设置的认证考试可以合理地测试参加考试者**实际的**专业能力，形式可以是考试，也可以审核其做过的翻译工作，或者二者结合。在所有情况下，用于评估的方法最好是可靠、有效、客观且实用的，当然评估工作在多大程度上能够同时满足这四个标准，这一点有待讨论（见下文）。虽然我们本质上希望评价的是人（译员）而不是产品（他们的译文），但客观条件要求我们通过译文来评价译员，尽管葛岱克（Gouadec）持相反观点（1989：38），他认为"对译文的评价不能视为对译员的评价"（参见Chesterman 1997：137f.的相反观点："你当然可以根据一个人的成果来了解这个人"）。

　　我们有理由相信，大学院系和认证机构使用的翻译质量评估方法在其所使用的程序方面具有一致性，也可以期待这些程序有明确界定，且有大量扎实的研究结果做支撑。事实上，不同的认证机构、不同的大学，甚至一所大学不同院系、同一个院系的不同教师所使用的方法都大不相同，而且所用方法的定义常常并不明确，实际评估过程也往往缺乏细则指导，而这些指导原则最好的情况是基于经验和常识,最坏的情况则主要源于主观印象。

翻译评估理论

遗憾的是,尽管已有不少研究关注规定性翻译理论(其中翻译质量问题至少或隐或显均有论及),对现存真实译文的批评也屡见不鲜,但至今尚无广泛的研究为恰当的评估程序提供依据。相关文献中翻译评估的概念也不明确,**评价**(evaluation)、**评估**(assessment)、**批评**(criticism)和**分析**(analysis)这些词(它们的定义也极不明确,尚不能称之为术语)几乎可以互换使用。在本文中,笔者以下列方式使用这些词(引用自其他文献的情况除外):**翻译评价**是指对译文进行估值,即给译文打分,简单二分的通过/不通过也算,这种评价尤其应该设法满足上文提及的四个条件。**翻译批评**在于说明译文的适切性;这也含有价值判断,但不一定是量化的判断,尽管也许应有明确的依据,所得出的判断才有价值。**翻译分析**是指对从原语文本出发创造出目标语文本的过程(作为生产过程的翻译)或对目标语文本和原语文本之间关系(作为产品的翻译)进行的描述性研究,并不赋予价值判断。**翻译评估**则作为涵盖以上三个术语的上位概念。**评价、批评**等作为动词使用,**评价者**等作为施事名词使用可以此类推。这些程序在译员培训中都会存在,在某种程度上是相互依存的,但存在一个方向性:人们一般可能认为评价基于批评,批评基于分析。另一个相关但独立的程序是**翻译质量控制**(translation quality control),其重点是对译文或翻译服务**本身**进行评估,而不是针对译文的生产者。

有两本有名的著述专门讨论翻译评估问题,即豪斯(House)的《翻译质量评估模式》(*Towards a Model of Translation Quality Assessment*,

1977），最近被修订并重新出版为《翻译质量评估：模式修订》（*Translation Quality Assessment: A Model Revisited*，1997），以及赖斯（Reiss)的《翻译批评的可能性及局限性》（*Möglichkeiten und Grenzen der Übersetzungskritik*，1971）。前者是该领域的经典之作，但它并没有引发翻译评估的重大进展，据我所知，其建议的评估程序目前尚无广泛应用。事实上，多被引用的是其翻译理论概念，如显性翻译和隐性翻译，以及错误的版本和类型。在该话题上还有其他值得关注的研究，德语传统中有科勒（Koller)（1979)、威尔斯（Wilss)（1982)、赫尼希和库斯莫尔（Hönig and Kussmaul)（1984)，特别是诺德（Nord)（1991)；在英语翻译理论中，有纽马克（Newmark)（1988)、塞杰（Sager)（1983：121)、休森和马丁（Hewson and Martin)（1991)以及威廉斯（Williams)（1989)。

　　德国传统以豪斯为代表，倾向于寻求明确和科学的方法，因此，尽管有一些相反的意见（如 Wilss 1982)且整体具有功能主义取向，但这一传统倾向于聚焦分析、原子化或微观文本的层面，至少豪斯（House)（1977)、威尔斯（Wilss)（1982)，甚至包括诺德（Nord)（1991)引用的翻译评估实例会给人这种印象。同样，他们也非常强调将原语文本和目标语文本之间的比较作为翻译评估的基础，例如，科勒就颇为果断地提出："只有在与原文比较的情况下才能对译文进行分析和评判。"（Koller 1979：206)豪斯的模型也牢牢建立在原语文本-目标语文本比较的基础之上，排除了代表不相容文化的语言对之间的翻译，以及两个文本之间功能出现变化的翻译情形，她认为后者不应被视为译文。纽马克（Newmark)（1982)同样认为后者属于受限性翻译（restricted translation)，因此不属于翻译理论讨论的范围。照此逻辑，许多职业译员工作中的部分内容都被排除在外。笔者更倾向于将市场的现实而非先验的理论作为译员培训和评估的基础。这些方法都有一个类似的关键性假设，即将原语文本视为功能标准，而目标语文本中不匹配的部分就视作不合格的证据。然而，正如所有职业译员所知，他们所翻译的许多文本在功能上远非完美，与原语文本不匹配可能反而是功能上的改进。笔者也无意认同相反的观点,即目标语文本要独立于原语文本来评估,否则如何能估测出译员在译文产出过程中的贡献呢? 而按照文本实现其交际目的的程度来对其进行评估,其中的困难众所周知,对此可参见切斯特曼(Chesterman)(1997:128-133)对前瞻性评估(prospective assessment)的论述。

诺德(Nord)(1991)的模型从功能视角全面阐释了翻译评估,她将弗米尔(Vermeer)的"目的"(skopos)概念作为其方法的核心,其路径也不太原子化:她认为"……应将文本这一整体的功能和效果作为翻译批评的关键标准"(Nord 1991:166)。她从译员的角度将翻译错误定义为"对所选择的(或所规定的)行动模式的偏离",或者,从受众的角度定义为有关某一行动[……]"期望的落空"(Nord 1991:170)。她指出,评估(assessement)(用本文术语则是评价,evaluation)也是一个给错误打分的行为,并建议依据文本功能对错误进行分级。一般来说,文本外(语用和文化)错误比文本内(语言)错误权重更大。大多数翻译评价的评分方案都采用类似权重,问题是这种分级的严格程度如何? 诺德(Nord)(1991:172)自己说:"译文功能的重要性压倒一切,错误分级应以此为标准。"这难道不意味着一个译文中的严重错误在另一个译文中可能就是微不足道的小错误? 她的方法(与豪斯的方法如出一辙)主要缺陷是无法满足评估的实用性要求:在她的著述中,对一部西班牙小说中篇幅有 105 个单词长的选文的英译和德译的评估整整占了大约 18 页篇幅。这种评估方式可能很适合学术环境中的翻译批评,但对于批改和评估大量学生翻译作业或试卷的人来说,则太耗时费力。从实际评估的角度来看,诺德方法的另一个问题是,它似乎将翻译的充分性(adequacy)等同于(近乎)完美。对她书中评估的五种译本(有些由知名翻译家翻译),她认为"[……]没有一个符合文本功能和读者接受所规定的要求"(Nord 1991:231)。可能更合理的说法是,没有一个**完全**满足这些要求。她没有明确,充分性可能存在不同等级,有些不完美的译文也是可以接受的。

相比之下，英语传统中提出的主张一般都不太强调分析性和明晰性，其中一些甚至暗示不存在任何评价翻译的客观手段（Newmark 1982；Sager 1983：121）。这些方法也倾向于注重宏观文本性、综合性或整体性（除纽马克以外），不太倾向于直接比较目标语文本和原语文本，而且强调评价者自身的立场。例如，纽马克（Newmark）（1988：188）强调首先从译员所采用的策略角度来评价翻译，然后才是对翻译策略的适切性进行评价。休森和马丁（Hewson and Martin）（1991）也强调批评者的立场和翻译发起人角色的重要性。虽然他们没有提供任何明确的评估程序，但从给出的例子看，他们的方法主要基于目标语文化中目标语文本的功能，而较少基于它与原语文本的对应关系。同样，胡安·塞杰（Juan Sager）（1983）的方法也扎根于商业和行政翻译的现实世界。他指出：

> 在许多情况下，要评估翻译［……］就必须考虑文本适合预期目的的充分性以及译文产出方法的**成本效益**。（Sager 1983：122，强调为笔者所加）

塞杰列出了一系列影响评估的参数，其中涉及一些常常被忽视的"现实生活"情境，如读者是否意识到自己读的是译文，译文的使用方式及其修改（见下文），并概述了译文作为翻译产品的评价标准。

上述翻译评估方法大多倚重翻译错误这一概念。问题是它们都未曾提及，错误数量和严重程度达到何种程度，译文才被认为不合格。事实上，很可能在实践中，甚至在原则上都不可能做到。然而，这正是我们在评价学生或职业翻译资格考试考生的能力时所需要估测的。马尔科姆·威廉斯（Malcolm Williams）（1989）在一篇关于加拿大政府翻译局翻译质量控制的文章中提到了量化评估的问题。在文章中，他强调要有一个可靠（一致）和有效（预测整体质量水平）的评估体系。但他区分了两种情况：一种是工作场所质量控制的评估体系，应该考虑文本产出的情境，包括客户对及时性、语言质量和准确性等的具体要求；另一种是大学和其他认证机构使用的封闭式评估体系，这种体系不考虑这些外部因素，将翻译视作真空里（in vitro）的活动，纯粹根据错误的数量和严重程度进行评估。笔者认为这种区分并无必要，完全可以以尽可能接近现实的方式模拟文本产出环境，至少在大学教学中是可行的，在某种程度上其他认证机构的考试也可以实现这一点，尽管大规模考试的组织问题可能带来诸多限制。

认证考试中的评估

笔者所接触的大多数国家级认证机构（英国、美国、瑞典和芬兰）采用的方法都是基于错误扣分得出总分的方式，某些类型的错误扣分更多，而且通过考试的分数线也似乎是减去随意确定的最高扣分后划定。根据笔者本人经验，译文中的错误总和往往与主观评价并不一致。那么，哪个才是正确的呢？大多数评估者都会选择相信自己的直觉。另一方面，如果分数的汇总通常与主观评价一致，人们就会问，增加这额外的工作有无必要？英国皇家特许语言家学会组织的考试评估采用的是整体路径，对文本的各个方面进行赋分，如对原语文本的理解；译文（词汇和语域）整体语言的准确性和适宜性；衔接、连贯和结构；语法、标点、拼写等。考生还需要以论文形式对翻译问题进行评述。

在这些机构的评价体系中，导致误解的错误比其他类型的错误扣分更多。这是否是由于翻译的文本几乎无一例外地属于需要忠实翻译的类型，抑或选择的文本就是为了使这种权重能够有效运作，目前尚不清楚。然而，从事译入外语的职业译员经常发现待处理的文本主要是表达型、操作型或交际应酬型，在这些文本中，形式可能起着与信息传递同等甚至更重要的作用。常见例子是旅游手册或商业信函。例如，一封因无法按期交货表示歉意并请求延期的信函,和将工厂因罢工而损失的实际工时数作为延误理由之一的信函,使用正确的语言表达同样重要。我们用来评价未来译员或正在执业译员的文本应反映其工作的现实。另一种被严重扣分的错误是目标语的**严重**误用。问题是如何定义"严重"。这种权重大概与诺德建议的权重一致。

这些评估体系一般对译入母语和译入外语不做区分。在笔者看来,对后者的要求应该达到威廉斯(Williams)(1989)描述的 Sical III 翻译评估体系界定的**可修改**水平。译员在译入外语时出现的许多错误都属于皮姆(Pym)(1992)所说的二元(binary)错误,即严重错误,特别是在语言层面。另一方面,它们往往容易被审校者纠正,而且不一定造成信息错误。对译入外语的错误进行分类的另一个问题是,产生信息错误的译文实际上是由译员对目标语掌握不足造成的。例如,在芬兰语中,动词 epäillä 通常被译成英语动词 doubt,大部分情况下是正确的。然而在一些语境中译为 suspect 则更佳。因此,一个芬兰语译员在翻译一个政客的声明时,会将"I suspect that we shall see a considerable fall in unemployment over the coming year"(我认为在未来一年内我们会看到失业率大幅下降)译为"I doubt that we shall see ..."(我怀疑我们将看到……)是犯了相当严重的信息性误译(意义颠倒),但这只是一个简单的词汇错误的结果。问题是,这样的错误该如何归类? 是按其原因还是按其结果? 无论哪种情况,这种错误当然都十分严重。

正 向 评 价

诺德(Nord)(1991)概述了一种用百分比形式来表示学生转换能力的方法,该百分比根据学生对先前确定的问题所提出的充分解决方案的数量来计算。哈蒂姆和梅森(Hatim and Mason)(1997：208－209)也提出了类似建议，即以标准为参照的评价方式。虽然从成功中学习比从失败中学习更能鼓励学生，但在实践中似乎很难应用，特别是在译入非母语的语言问题上，往往很难事先预测什么会构成问题，什么不会。如果没有发现问题，但译员还是犯了错误，该怎么办？库斯莫尔(Kussmaul)(1995)和葛岱克(Gouadec)(1989)也提出有关积极评价的建议，但二者都未明确提供一个适用的模型。通常情况下，积极评价仅仅是消极评价的反面，也许我们可以将古阿德克的建议转述为"你没有做错的地方，就是做对了"。

将编校时间作为标准

根据笔者经验，上述翻译理论家所提出的建议都有原子化倾向，因而不太实用，要么是基本上依靠目标语文本-原语文本的对比，这不适用于所有翻译任务，因而不符合效度标准，要么就是应用起来太麻烦，费神耗时(豪斯和诺德的模式)，因此不符合实用性标准。另一方面，上文提及的整体性方法往往过于模糊或缺乏客观性。葛岱克(Gouadec)(1989)和麦卡莱斯特(McAlester)(2000)提出的一种整体性方法是使用编校时间作为评价的标准之一。这种方法特别适用于对译入非母语的翻译进行评估。评估者可以将自己设想为语言审校者，关注审校花费的时间，记录下她[1]将译文修正为**适合其目的**的形式所需的时间，这样至少可以得到**一个群体中的相对数字**(即是常模参照的)，反映翻译作为产品的价值(参见Gouadec 1989：42－43)。这还反映了许多译入非母语的任务都要经过母语者审校的事实，因而符合效度标准。在现实世界中，译入外语译文的市场价值在某种程度上也与修改时间相关。因而该方法也是客观、可量化的(就时间而言)。

另一方面,信度和实用性的标准不太容易满足。为保证信度,应该不管评估者是谁、在什么条件下评价一个文本,该标准都可应用,但这个方法取决于个别评估者的编校速度。当然,在这一点上,它与其他取决于评分员评分行为的方案并无二致。它也可能(在缺乏适当准则的情况下)取决于评估员的个人语言和翻译偏好,但许多评分方案从根本上说也受制于评估员的主观认识。因此,这一方法尽管在信度上并不完全令人满意,但也并不逊色于其他现有的评估方法。

那么实用性呢? 这一方法可以在合理时间内对大量的译文进行评估,因而比上文所述的大多数方法更为实用。但是,该方法在实施过程中也有一些问题: 比如要确保评估员在评估过程中不受干扰,以便记录编校时间,再比如评估员编校的时间会随着她对同一文本更多译文的处理而逐渐缩短。不过,如果评估员确保能专门分配一段时间用于译文评估,并在开始编校之前先彻底熟悉原语文本、阅读几份译文,以上问题是可以避免的。

然而,对此也可能出现一些激烈的反对意见:该方法没有区分错误的类型或严重程度。如果评估员把基本可接受作为标准(而非**最佳**质量),她就只需简单编校需要编校的内容。她通常会熟悉原语文本和翻译目的(她一般会亲自选择文本和任务,或者至少参与文本选择),只对译文进行必要的修改(更正),保证其充分满足目的。因此,对于那些与其说是错误,不如说是不恰当的(用皮姆的术语来说就是非二元的)的译文,**只在必要时**才进行简单编校。这样,一篇出色但略有疏忽的译文是可以接受的,否则这种译文就会因为几个影响交流的错误而被认为不合格(纠正这些错误所花的时间可能比出现无数小错误的译文所花时间要少)。需要提醒的是,至少在高校教学中,我们最终要预测的是译员和他的潜力,对于一个初出茅庐的译员来说,养成谨慎细心的习惯可能比提高基本语言或转换能力更容易。这种方法不是分析性的,所以没有错误类型以及犯错原因等信息,无法让学生从错误中学习,也不能为研究提供材料,因此教学价值不高。但这些并不是它的目的,其目的是对产品进行赋值,最好能预测译员的潜力。然而,该方法相对而言只能解决合格问题,但无法提供绝对的合格标准:一篇译文所花费的修改时间少于多少才是可接受的?诸如审校者自己完成翻译需要多少时间等实际标准(如果修改译文时间超过这个时间,就可以认为是不合格翻译),由于涉及审校者个人的修改和翻译速度等不稳定变量,因而这一标准并不可靠。

制定翻译合格标准的必要性

在这一方面,什么是合格翻译的问题在理论和实践上均未得到解决,各种认证机构给予评估人员的指导似乎是主观武断且相互矛盾的。有些机构接受每页译文有一个严重的错误,有的能接受更多,有的则不接受。笔者认为这个问题原则上无法以科学合理的方式解决。

然而,我们可能期待(当然也非常需要)一些更普遍适用的准则来确定翻译是否合格,即对职业认证的基本标准达成普遍共识,这一共识也可应用于提供翻译培训的教育机构。毕竟,对产品或性能的量化评价在生活中比比皆是。一个典型的例子是在跳水或花样滑冰等运动中,评委可以依据相当精确的指导准则为选手的表现打分(例如,要成功完成多少数量的三周跳)。在国内,也已经形成了对外语学习能力水平的标准参考评价方案,例如欧洲委员会文化合作委员会的共同框架建议(1996)。

为翻译制定一个类似的标准参照评估框架无疑是一项艰巨的任务。设计出可靠、客观、有效和实用的翻译评估准则是不可能的。首先,要建立一个评估翻译是否合格的框架,先要为如何确定待译文本制定标准。诺德(Nord)(1991:160-161)对高校中翻译考试的文本类型提出了强烈批评。因此,理想的评估体系不仅要依据所呈现的语言和特殊翻译问题,而且要依据所要求的转换类型(用豪斯的术语,即**显性的**、**隐性的**、**版本的**)来进行评分。

语言问题也可依据转换过程中所需要的调整程度来划分等级：1级为直译；2级为轻微改写；3级为大幅改写；等等。所涉及的翻译问题可以参照许多翻译论著（如 Newmark 1988：193－220）所关注的种类：专有名称、日期、文化典故、谚语等。每种类型都可根据情况赋予权重：有标准解决方案（如英制到十进制）——1级；需进行检索查证寻找解决方案（如从莎士比亚或圣经中找到引文的确切形式）——2级；需要译员提出创造性的解决方案（如在译文中为原文的新词造出新词）——3级。分级数量被设定为三个，只是为了举例说明，自然可以设定更多。每个文本可以根据所含语言和翻译问题的数量和水平进行分级。然后按照译员在解决问题方面的表现根据固定的评分表对译文进行评估，也可依据经（最好是国际性的）共识确定的合格水平。

规定在固定的字数或页数中，合格译文不应出现超过一定数量的误译、漏译或严重翻译错误，设定这样的条件依然可能，但这些比例必须经过一致同意。翻译任务也可根据是否需要忠实的（显性的）或交流性的（隐性的）译文进行分类，并以此来评估解决方案。允许甚或要求译员在提交待评估的译文时附上译员评论，也是一个有用的程序，这样评估者能够评估译员是否实现了他的目标，以及这些目标是否适当。简而言之，需要制定一套关于合格翻译的国际标准，可由一个国际组织牵头进行，如 FIT（国际翻译工作者联合会），并通过一国的成员机构向下传递。一个行业应该能够明确自己的能力标准。这将是一个适合在新千年开展的研究项目。

注　　释

1. 为平等起见，本文使用"她"指称评估者，用"他"指称译员。

参 考 文 献

Campbell, S. 1998. *Translation into the Second Language*. London: Longmont.

Chesterman, A. 1997. *Memes of Translation*. Amsterdam/Philadelphia: Benjamins.

Common European Framework of Reference for Modern Languages: Learning, teaching assessment, 1996. Draft 2 of a Framework proposal. Strasbourg: Council of Europe, Council of Cultural Cooperation.

Gouadec, D. 1989. "Comprendre, évaluer, prévenir". *TTR* 2(2): 35-54.

Hatim, B. and Mason, I. 1997. *The Translator as Communicator*. London/New York: Routledge.

Hewson, L. and Martin, J. 1991. *Redefining Translation*. London/New York: Routledge.

Hönig, H. G. and Kussmaul, P. 1984. *Strategie der Übersetzung*. Tübingen: Narr.

House, J. 1977. *A Model for Translation Quality Assessment*. Tübingen: Narr.

House, J. 1997. *Translation Quality Assessment: A Model Revisited*. Tübingen: Narr.

Koller, W. 1979. *Einführung in die Übersetzungswissenschaft*. Heidelberg: Quelle and Meyer.

Kussmaul, P. 1995. *Training the Translator*. Amsterdam/Philadelphia: Benjamins.

McAlester, G. 1992. "Teaching translation into a foreign language — status, scope and aims". In C. Dollerup and A. Loddegaard (eds.), *Teaching Translation and Interpreting*. Amsterdam/Philadelphia: Benjamins, 291-297.

McAlester, G. 2000. "The time factor: A practical evaluation criterion". In M. Grosman, M. Kadric, I. Kovačič and M. Snell-Hornby (eds.), *Translation into Non-Mother Tongues In Professional Practice and Training*. Tübingen: Stauffenburg, 133-139.

Newmark, P. 1982. *Approaches to Translation*. Oxford: Pergamon Press.

Newmark, P. 1988. *A Textbook of Translation*. London: Prentice Hall.

Nord, C. 1991. *Text Analysis in Translation*. Amsterdam: Rodopi.

Pym, A. 1992. "Translation error analysis and the interface with language teaching". In C. Dollerup and A. Loddegaard (eds.), *Teaching Translation and Interpreting*. Amsterdam/Philadelphia: Benjamins, 277-288.

Reiss, K. 1971. *Möglichkeiten und Grenzen der Übersetzungskritik*. Munich: Hueber.

Sager, J. 1983. "Quality and standards: the evaluation of translations". In C. Picken (ed.), *The Translator's Handbook*. London: ASLIB, 121-128.

Williams, M. 1989. "The assessment of professional translation quality: Creating credibility out of chaos". *TTR* 2(2): 13-33.

Wilss, W. 1982. *The Science of Translation*. Tübingen: Narr.